MAP

おとな旅
プレミアム
PREMIUM

付録 街歩き地図

石垣・竹富・西表・宮古島

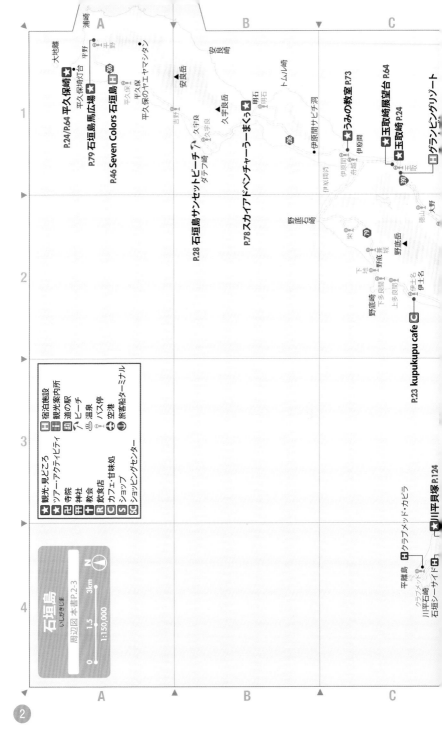

石垣島
いしがきじま
周辺図 本書P.2-3

1:150,000
0　1.5　3km
N

凡例

★ 観光・見どころ
★ ツアー・アクティビティ
卍 寺院
⊞ 神社
H 教会
R 飲食店
C カフェ・甘味処
S ショップ
SC ショッピングセンター

H 宿泊施設
i 観光案内所
道の駅
⌒ ビーチ
♨ 温泉
バス停
✈ 空港
旅客船ターミナル

P.24/P.64 平久保崎 ★
平久保崎灯台
P.79 石垣島馬広場 ★
P.46 Seven Colors 石垣島 H

大地離
浦崎
平野
平野

平久保
平久保のヤエヤマシタン
205

安良岳
安良崎
平久保岳
明石
明石
久宇良
久宇良
吉野

トムル崎
206
伊原間サビチ洞
伊原間
伊原間
弁当

P.28 石垣島サンセットビーチ ⌒
サビチ崎

★ うみの教室 P.73
★ 玉取崎展望台 P.64
★ 玉取崎 P.24
H グランヴィリオリゾート

P.78 スカイアドベンチャーうーまくぅ ★

390
平得
大野
徳山名

野底
石崎

栄
79
野底岳
野底岳

下地
野底蒲
野底崎
下多良間
上多良間
伊土名
伊土名

P.23 kupukupu cafe C

★ 川平貝塚 P.124

平離島 H クラブメッド・カビラ

クラブメッド
川平石崎
石垣シーサイド H

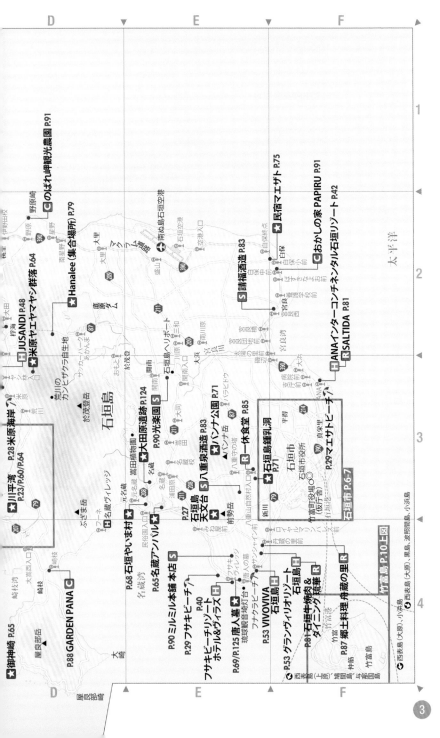

★ 御神崎 P.65

C GARDEN PANA P.88

★ 川平湾 P.23/P.60/P.64

★ 米原海岸 P.28 米原ヤエヤマヤシ群落 P.64

B JUSANDI P.48

★ Hanalee（集合場所）P.79

C のばれ岬観光農園 P.91

C 南ぬ島石垣空港

S 請福酒造 P.83

★ 民宿マエサト P.75

C おかしの家 PAPIRU P.91

H ANAインターコンチネンタル石垣リゾート P.42

R SALTIDA P.81

石垣島

S 大田原遺跡 P.124

P.90 光楽園

S 八重泉酒造 P.83

バンナ公園 P.71

R 一休食堂 P.85

石垣島 天文台 ★

P.27

★ 石垣島鍾乳洞 P.71

P.29 マエサトビーチ

石垣市 P.6-7

★ 石垣やいま村 P.68

★ 名蔵アンパル P.65 P.90 ミルミル本舗 本店 S

P.29 フサキビーチ

フサキビーチリゾート ホテル&ヴィラズ P.40 H

P.69/P.125 唐人墓 ★

琉球華龍観音灯台 ★

竹富島 P.10上図

★ VIVOVIVA 石垣島 P.53

R グランヴィリオリゾート 石垣島 H

R 石垣牛焼肉 ダイニング翠experience P.81

R 郷土料理 舟蔵の里 P.87

太平洋

先島諸島火番盛（川平火番盛）

★ 川平貝塚 P.124

イリワ **H**
川平ロータリー
川平出張所 ⓐ

川平

マジパナリ

大浜荘 川平公民館
H
川平公園前 川平駐在所 ⓧ ★ 川平マリンサービス P.62
るらりや **H**
ムクパナリ
P.63 髙嶺酒造所 **S**
R 島の駅 カビラガーデン P.63

味の宿 安らぎ **H**
R 川平公園茶屋 P.63

川平小 ⓧ 川平局
川平中 ⓧ 〒
川平局前
S 琉球真珠 P.63

MAETAKAYA THE THIRD **H**
C R's Cafe P.89

小農

★ 川平湾 P.23/P.60/P.64

207

石垣市

P.63 川平ファーム **S**

ヨーン

79

仲筋

79

P.92 南島焼 **S**
大嵩
大嵩

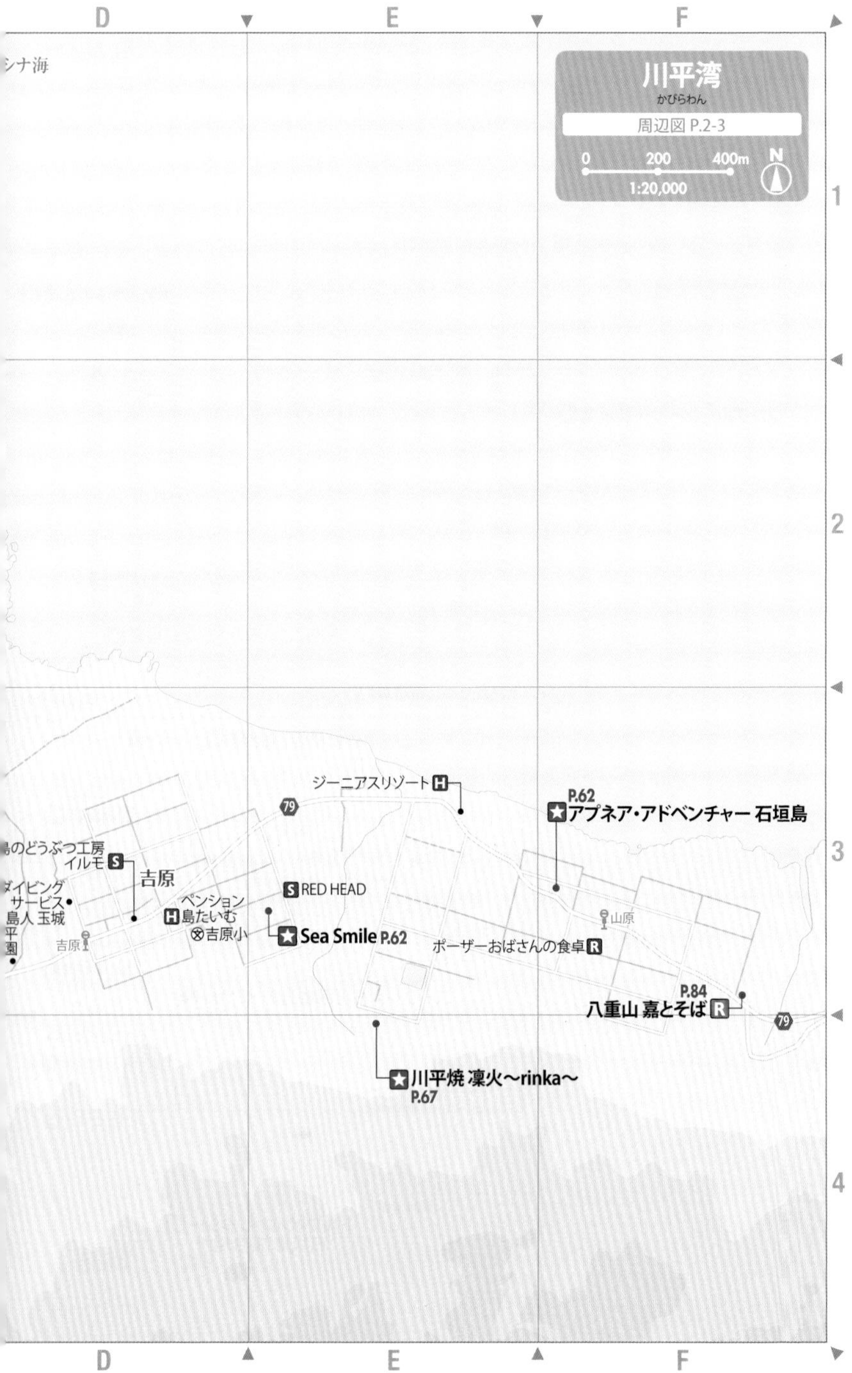

周辺図 P.2-3

東シナ海

ジーニアスリゾート **H**

P.62
★**アプネア・アドベンチャー 石垣島**

島のどうぶつ工房
イルモ **S**　吉原

ダイビング
サービス
島人 玉城
川平
圏　吉原

S RED HEAD

ペンション
H 島たいむ
文吉原小　★**Sea Smile P.62**

↑山原

ポーザーおばさんの食卓 **R**

P.84
八重山 嘉とそば R

79

★**川平焼 凜火〜rinka〜**
P.67

5

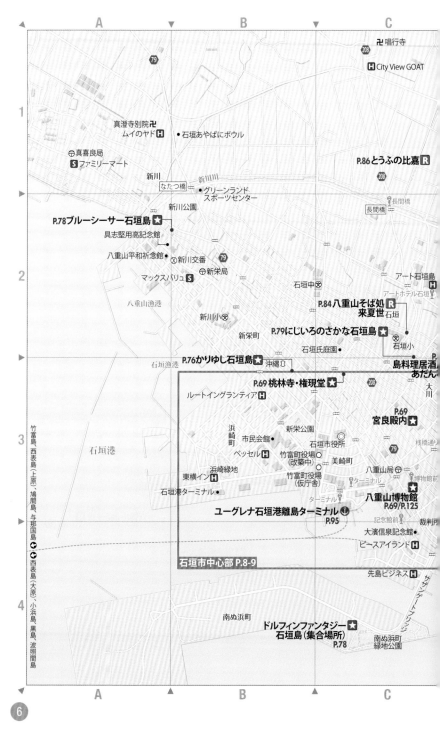

卍 唱行寺

H City View GOAT

真澄寺別院卍
ムイのヤド H ・石垣あやぱにボウル

⊕真喜良局
S ファミリーマート

P.86 とうふの比嘉 R

新川　　　新川川
なたつ橋 ↕ ・グリーンランド
　　　　　スポーツセンター

長間橋
長間橋

新川公園

P.78 ブルーシーサー石垣島 ★

具志堅用高記念館・

八重山平和祈念館・　⊗新川交番 79

マックスバリュ S ⊕新栄局

八重山漁港

アート石垣島 H
アートホテル石垣

石垣中⊗

P.84 八重山そば処
来夏世 R

新川小⊗

新栄町

P.79 にじいろのさかな石垣島 ★

石垣氏庭園・　　　石垣小⊗

石垣漁港

P.76 かりゆし石垣島 ★

沖縄 ⊗

島料理居酒
あだん

石垣港

P.69 桃林寺・権現堂 ★

ルートイングランティア H

大川

P.69
宮良殿内 ★

浜崎町
市民会館・　新栄公園

ベッセル H

石垣市役所

竹富町役場
（改築中）

美崎町

桟橋通り

79

八重山局 ⊕

博物館前

東横イン H

竹富町役場
（仮庁舎）

ターミナル

八重山博物館 ★
P.69/P.125

石垣港ターミナル・

ターミナル

ユーグレナ石垣港離島ターミナル ①
P.95

記念館前

大濱信泉記念館・
ピースアイランド H

裁判所

石垣市中心部 P.8-9

先島ビジネス H

南ぬ浜町

ドルフィンファンタジー ★
石垣島（集合場所）
P.78

南ぬ浜町
緑地公園

竹富島、西表島（上原）、鳩間島、与那国島 ↻
↻ 西表島（大原）、小浜島、黒島、波照間島

● 船着場

S 友利ストアー

H ルートイングランティア

C カナロア

S Kmax

政亭割烹 **R**

R 炭火焼肉
やまもと P.82

浜崎町

ニュー浜乃荘 **H**

新栄公

● 市民会館

H ゲストハウス
ユージ

商工会館 ●

H ベッセルホテル石垣島
P.23

● 図書

港湾合同庁舎 ●

浜崎緑地

市水道部 ●

東横イン
H

港ターミナル通り

石垣港ターミナル ●

竹富島、西表島（大原）、小浜島、黒島、波照間島
西表島（上原）、鳩間島、与那国島 **C** **C**

石垣港

石垣市中心部

いしがきしちゅうしんぶ

周辺図 P.6-7

0   50   100m
1:6,000

N

★桃林寺・権現堂 P.69

Aファーマーズマーケット
ゆやま ゆらていく市場

石垣市役所 ◎

P.87 芭蕉布 R

○竹富町役場

美崎町

ファミリーマート S　大川(西)
P.93 さんぴん工房 S
P.91 ハウトゥリージェラート S
P.87
R うさぎや 石垣本店
P.83 石垣島泡盛ゼリー本舗 S
沖縄 Ω

P.92 Kayak 八重山工房 S

P.82 CORNER'S GRILL R
P.23 石垣牛&ビュッフェ
Island Churrasco R
P.94 石垣市特産品販売センター (2F) S
P.94 石垣市公設市場 (1F) S
P.93 shimaai S

ククル

P.82 金牛 R
P.22 730HOTELS. H

ミヤヒラ H

P.93 ティーラアース S
730記念碑 ●

Ω労金
石垣港湾事務所

ターミナル

ターミナル

竹富町
観光協会

730記念碑

① ユーグレナ石垣港離島ターミナル P.95

★安栄観光 P.77

フェリーターミナル ●

八島町

石垣島冷菓 P.90

● 南嶋民俗資料館　★宮良殿内 P.69

P.91 さよこの店 S
大川南
P.87
R まぐろ専門居酒屋
ひとし石敢當店
P.92
S 島で作った石けんとお茶のお店
Avance
H ベルハーモニー　さんばし通り
● 石垣文化会館
文館前
ハワイアン・グロット
Ω 沖縄海邦
H ホテルグランビュー石垣
The First P.23
博物館前
★八重山博物館
P.69/P.125
南イタリア料理
R SOLEMARE P.80
● 石垣税務署
Ω 琉球　H ハッピーホリデー
H イースト
チャイナシー
R 石垣牛MARU
美崎御嶽 ●

記念館前
● 大濱信泉記念館

ピースアイランド H
アパ H
パティーナ
八島緑地　H チューリップ H
サザンゲート入口

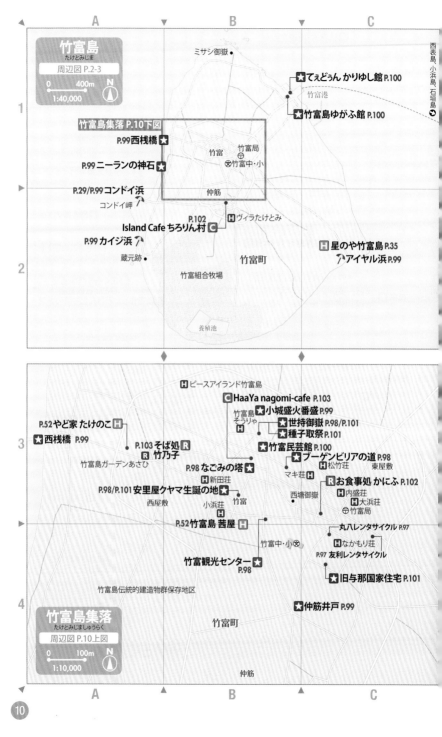

竹富島

たけとみじま

周辺図 P.2-3

0 ─── 400m
1:40,000
N

西表島、小浜島、石垣島

ミサシ御嶽 ●

★ てぇどぅん かりゆし館 P.100

竹富港

★ 竹富島ゆがふ館 P.100

竹富島集落 P.10下図

P.99 西桟橋 ★

竹富

竹富局
⊕竹富中・小

P.99 ニーランの神石 ★

P.29/P.99 コンドイ浜 ⚲

コンドイ岬 ⚲

仲筋

P.102

H ヴィラたけとみ

Island Cafe ちろりん村 C

P.99 カイジ浜 ⚲

蔵元跡 ●

竹富町

H 星のや竹富島 P.35

⚲ アイヤル浜 P.99

竹富組合牧場

養殖池

H ピースアイランド竹富島

C HaaYa nagomi-cafe P.103

竹富島
そうりゃ H

★ 小城盛火番盛 P.99

P.52 やど家 たけのこ H

★ 世持御嶽 P.98/P.101

★ 種子取祭 P.101

★ 西桟橋 P.99

P.103 そば処 R

竹乃子 R

★ 竹富民芸館 P.100

竹富島ガーデンあさひ

P.98 なごみの塔 ★

★ ブーゲンビリアの道 P.98

H 松竹荘

東屋敷

H 新田荘

マキ荘

P.98/P.101 安里屋クヤマ生誕の地 ★

R お食事処 かにふ P.102

西屋敷

小浜荘 H

竹富

西塘御嶽

H 内盛荘

H 大浜荘

⊕ 竹富局

P.52 竹富島 茜屋 H

竹富中・小 ⊗

丸八レンタサイクル P.97

H なかもり荘

P.97 友利レンタサイクル

竹富観光センター ★
P.98

★ 旧与那国家住宅 P.101

竹富島伝統的建造物群保存地区

★ 仲筋井戸 P.99

竹富島集落

たけとみじましゅうらく

周辺図 P.10上図

0 ─── 100m
1:10,000
N

竹富町

仲筋

10

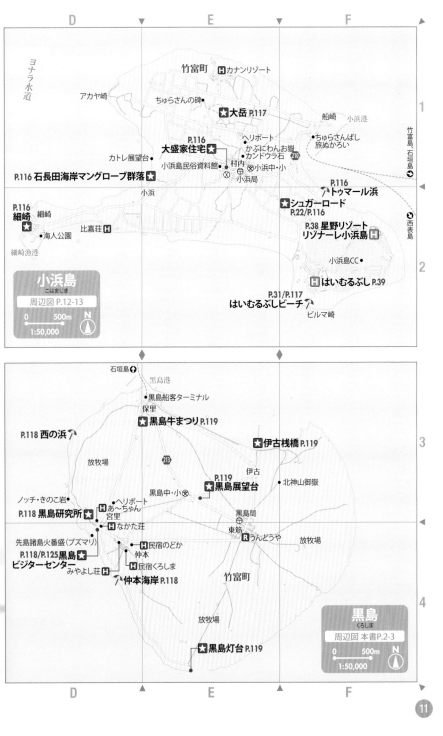

小浜島
こはまじま

周辺図 P.12-13

0 ─── 500m
1:50,000

- ヨナラ水道
- アカヤ崎
- 竹富町
- カナンリゾート
- ちゅらさんの碑・
- ☆大岳 P.117
- 船崎
- 小浜港
- ヘリポート
- かぶにわんお嶽
- ・ちゅらさんばし 旅ぬかろい
- ・カンドウラ石
- P.116 大盛家住宅☆
- カトレ展望台・
- 小浜島民俗資料館・
- 村内
- ⊗小浜中・小
- ⊗
- 小浜局
- P.116 石長田海岸マングローブ群落☆
- 小浜
- P.116 細崎☆
- 細崎
- P.116 トゥマール浜
- ☆シュガーロード P.22/P.116
- 比嘉荘H
- 海人公園・
- P.38 星野リゾート リゾナーレ小浜島H
- 細崎漁港
- 小浜島CC・
- H はいむるぶし P.39
- P.31/P.117 はいむるぶしビーチ
- ビルマ崎
- 竹富島、石垣島 ↻
- 西表島 ↻

黒島
くろしま

周辺図 本書 P.2-3

0 ─── 500m
1:50,000

- 石垣島 ↑
- 黒島港
- ・黒島船客ターミナル
- 保里
- ☆黒島牛まつり P.119
- P.118 西の浜 ↑
- ☆伊古桟橋 P.119
- 放牧場
- 213
- 伊古
- ノッチ・きのこ岩・
- 黒島中・小⊗
- ☆黒島展望台 P.119
- ・北神山御嶽
- P.118 黒島研究所☆
- ヘリポート
- Hあ〜ちゃん
- 宮里
- Hなかた荘
- 黒島局
- 東筋
- Rうんどうや
- 放牧場
- 先島諸島火番盛(プズマリ)
- P.118/P.125 黒島☆ ビジターセンター
- H民宿のどか
- 仲本
- みやよし荘
- H民宿くろしま
- ☆仲本海岸 P.118
- 竹富町
- 放牧場
- ☆黒島灯台 P.119

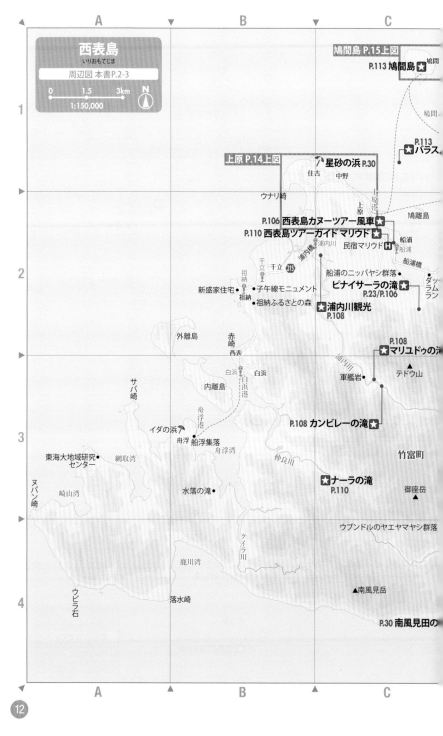

西表島
いりおもてじま

周辺図 本書P.2-3

0　1.5　3km
1:150,000

N

鳩間島 P.15上図
P.113 鳩間島
鳩間

P.113 バラス

上原 P.14上図
星砂の浜 P.30
住吉　中野
ウナリ崎
上原港

P.106 西表島カヌーツアー風車
P.110 西表島ツアーガイド マリウド
民宿マリウド

鳩離島

船浦
船浦橋

ダッラムラン

船浦のニッパヤシ群落
ピナイサーラの滝
P.23/P.106

新盛家住宅　子午線モニュメント
祖納
祖納ふるさとの森

干立
祖納
浦内川

浦内川観光
P.108

外離島
赤崎
西表

P.108
マリユドゥの滝

軍艦岩　テドウ山

サバ崎
白浜
内離島　白浜港

P.108 カンビレーの滝

イダの浜
舟浮港
舟浮　船浮集落
舟浮湾

竹富町

東海大地域研究
センター
網取湾

ナーラの滝
P.110

御座岳

ヌバン崎
崎山湾

水落の滝

ウブンドルのヤエヤマヤシ群落

ウビラ石

鹿川湾

クイラ川

南風見岳

落水崎

P.30 南風見田の

12

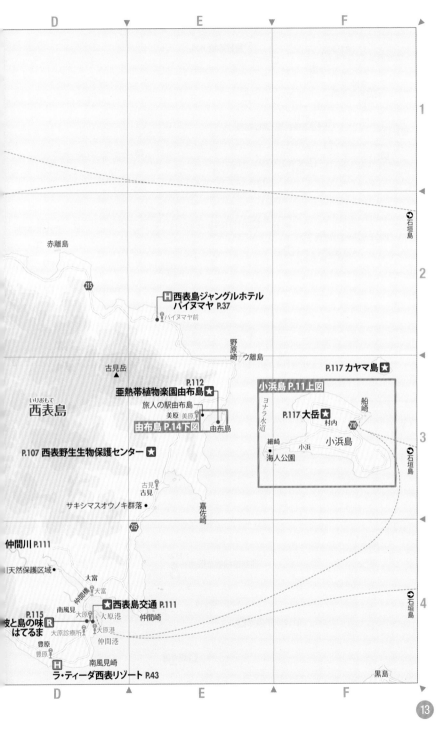

D ▼ E ▼ F ▲

1

➡石垣島

2

赤離島

215

H 西表島ジャングルホテル
パイヌマヤ P.37
パイヌマヤ前

野原崎
ウ離島

古見岳

P.117 カヤマ島 ★

P.112
亜熱帯植物楽園由布島 ★

小浜島 P.11上図

3

いりおもて
西表島

旅人の駅由布島
美原 美原
由布島

由布島 P.14下図

ヨ
ナ
ラ
水
道

P.117 大岳 ★

船崎

村内

210

P.107 西表野生生物保護センター ★

細崎

小浜

小浜島

➡石垣島

海人公園

古見
古見

サキシマスオウノキ群落 ●

嘉佐崎

215

仲間川 P.111

旧天然保護区域 ●

大富

大富

仲間橋

★ 西表島交通 P.111

4

南風見

大原
大原港

大原港

仲間崎

➡石垣島

P.115
女と島の味
はてるま R

大原診療所
大原港

仲間港

豊原
豊原

南風見崎

H ラ・ティーダ西表リゾート P.43

黒島

D ▲ E ▲ F ▲

琉球酒菜 くくるくみ **R** P.115
ティンヌカーラ **H**

星砂の浜 P.30
ニシ崎
星の砂 **H**
星砂の浜

P.50
H Villa芭蕉

ニライナリゾート **H**

P.50
琉夏 **H**

住吉 住吉

島魚料理・寿し 初枝 **R** P.115
●住吉牧場

ヴィラ
うなりざき **H**

マヤグスクリゾート **H**
P.51

ウナリ崎

西表島ふるーつらんど **R**

浦内 月ヶ浜入口

星野リゾート西表島
P.30 トゥドゥマリの浜

KITCHEN inaba **R** P.114
ペンション・イリオモテ

P.36 星野リゾート **H**
西表島ホテル

アトゥク岩●

上原山 ▲

西表島

215

上原
うえはら

周辺図 P.12-13

0 ——— 400m
1:35,000 N

鳩間水道

中野 215

中野

シーサイドペンションbuff **H**

西表ココナツビレッジ **H**

上原小 上原小前

P.51
H Villa西表
●まるま荘

P.113 レイリーフ ★
(集合場所)

上原

summer ちゃまー ★
P.109

上原
上原港
石垣島

由布島
ゆぶじま

周辺図 P.12-13

0 ——— 100m
1:10,000 N

与那良川

古見

ヨナラ水道

西表島

●旅人の駅
由布島

水牛車●
待合所 由布水牛車乗場

水牛車●
乗り場

水牛車

亜熱帯植物楽園由布島 P.112
★

★ブーゲンビレア
ガーデン
P.112

●水牛車乗り場

P.112 水牛の池 ★

★ マンタの浜・
由布島茶屋
P.112

★ 蝶々園
P.112

14

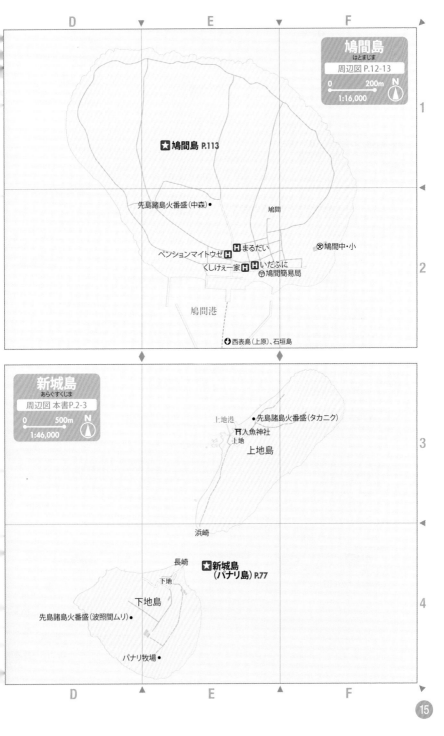

鳩間島
はとまじま
周辺図 P.12-13
0　　　　200m
1:16,000
N

★鳩間島 P.113

先島諸島火番盛(中森)●

鳩間

ペンションマイトウゼ H まるだい

くしけぇー家 H H いだふに
鳩間簡易局

⊗鳩間中・小

鳩間港

↥西表島(上原)、石垣島

新城島
あらぐすくじま
周辺図 本書 P.2-3
0　　　　500m
1:46,000
N

上地港　●先島諸島火番盛(タカニク)

人魚神社
上地

上地島

浜崎

長崎

★新城島
(パナリ島) P.77

下地

下地島

先島諸島火番盛(波照間ムリ)●

パナリ牧場●

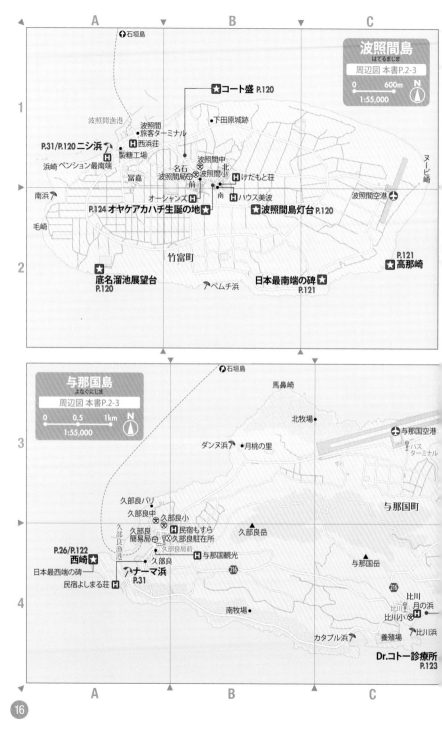

波照間島
はてるまじま

周辺図 本書P.2-3

0　600m
1:55,000
N

↑石垣島

★コート盛 P.120

●下田原城跡

波照間漁港

波照間
旅客ターミナル

H西浜荘

P.31/P.120 ニシ浜↑
H
浜崎 ペンション最南端

製糖工場

冨嘉

名石
波照間局⊗
前

波照間中
北
⊗波照間小
南

H けだもと荘

南浜↑

オーシャンズ H

H ハウス美波

★波照間島灯台 P.120

波照間空港✈

ヌービ崎

毛崎

P.124 オヤケアカハチ生誕の地 ★

竹富町

★
底名溜池展望台
P.120

↑ペムチ浜

日本最南端の碑 ★
P.121

P.121
★高那崎

与那国島
よなぐにじま

周辺図 本書P.2-3

0　0.5　1km
1:55,000
N

↑石垣島

馬鼻崎

●北牧場

与那国空港✈

ダンヌ浜↑ ●月桃の里

バス
ターミナル

与那国町

久部良バリ
久部良中
⊗久部良小

H民宿もすら

●久部良岳

P.26/P.122
★
西崎

久部良
簡易局

⊗久部良駐在所

久部良
漁港

久部良
局前

H

日本最西端の碑

★与那国観光

●久部良

216

民宿よしまる荘 H

↑ナーマ浜
P.31

●与那国岳

216

比川
月の浜
比川
⊗比川小 H
↑比川浜

南牧場●

↑カタブル浜

養殖場

Dr.コトー診療所
P.123

A　　B　　C

多良間島
たらまじま

周辺図 本書P.2-3

0 600m
1:60,000

N

P.151 ふるさと海浜公園 ★

↗長崎ビーチ
前泊港
405

先島諸島火番盛（宮古遠見）

H 夢パティオ
たらま

P.150 八重山遠見台 ★
ふるさと民俗学習館

Ⅱ 多良間神社
村役場
塩川

★ 豊年祭
（八月踊り）
P.151

仲筋
多良間小
多良間局

フクギ並木 P.151
★ ・塩川御嶽

多良間中

多良間村

放牧場

★ 多良間空港

放牧場

放牧場

Ⅱ 普天間御嶽

放牧場

放牧場

グラウンドゴルフ場 ・ ・ファームポンド

放牧場
普天間港・
フェリーターミナル

宮古島
→

・宮古市民の森
多目的広場

普天間港

たらまゆがぶうランド ・

大崎

Fiesta
H

ナンタ浜 ↗
与那国局
診療所前

与那国中

与那国駐在所 ⊗
工場 ・

役与
場那
国
町

⊗ 与那国小

アイランド

★
ティンダバナ
P.123

・東牧場

東崎展望台
★ 東崎 P.123

★ アヤミハビル館 P.123

宇良部岳 ▲

サンニヌ台 ・ ・軍艦岩

インビ岳 ▲

★ 立神岩展望台 P.123

・立神岩

★ 海底遺跡 P.123

新
川
鼻

17

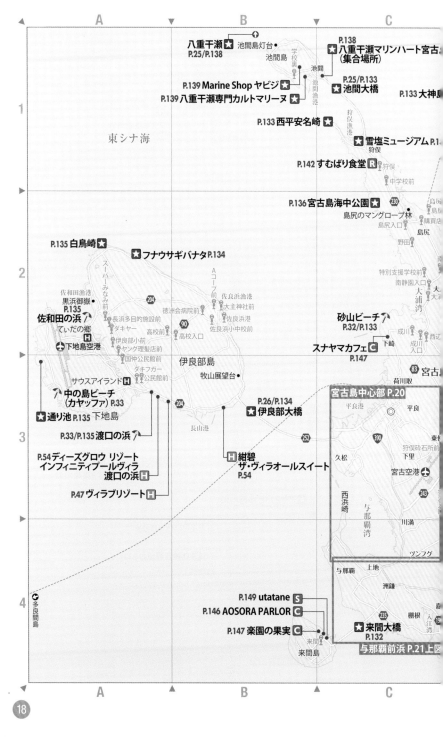

八重干瀬 ★
P.25/P.138

池間島灯台・
池間島

学校裏

P.138
★ 八重干瀬マリンハート宮古
（集合場所）

P.139 Marine Shop ヤビジ ★
P.139 八重干瀬専門カルトマリーヌ ★

池間
池間漁港

P.25/P.133
★ 池間大橋

P.133 大神島

P.133 西平安名崎 ★

狩俣漁港

★ 雪塩ミュージアム P.1

狩俣

P.142 すむばり食堂 R
狩俣

中学校前

東シナ海

P.136 宮古島海中公園 ★
島尻のマングローブ林

230
島尻
島尻
購買店

島尻入口

島尻

野田

P.135 白鳥崎 ★
★ フナウサギバナタ P.134

スーパーみなみ前

特別支援学校前
南静園入口

大浦
湾

大
浦

佐和田漁港
黒浜御嶽
P.135
佐和田の浜
てぃだの郷

204

Aコープ前
佐良浜漁港
大主神社前
徳洲会病院前
佐良浜港

砂山ビーチ
P.32/P.133

成川

長浜多目的施設前
ダキヤー
伊良部小前
ヤング理髪店前
国仲公民館前

90
高校前
高校入口

佐良浜小中学校前

スナヤマカフェ C
P.147

下崎

成川
入口

西辺

下地島空港

伊良部島

ダキフガー

サウスアイランド H
公民館前

牧山展望台・

83
宮古

荷川取

中の島ビーチ
（カヤッファ）P.33

204

P.26/P.134
★ 伊良部大橋

宮古島中心部 P.20
平良港
平良

★ 通り池 P.135 下地島

P.33/P.135 渡口の浜

390
久松
狩俣砕石所前
下里

東

長山港
252

P.54 ディーズグロウ リゾート
インフィニティプールヴィラ
渡口の浜 H

H 紺碧
ザ・ヴィラオールスイート
P.54

243

西浜崎
宮古空港
与
那
覇
湾
川満

P.47 ヴィラブリゾート H

ツンフグ

与那覇
上地
洲鎌

多良間島

P.149 utatane S
P.146 AOSORA PARLOR C

235
棚根
入江湾

P.147 楽園の果実 C

★ 来間大橋
P.132

来間

来間島

嘉
19

与那覇前浜 P.21上図

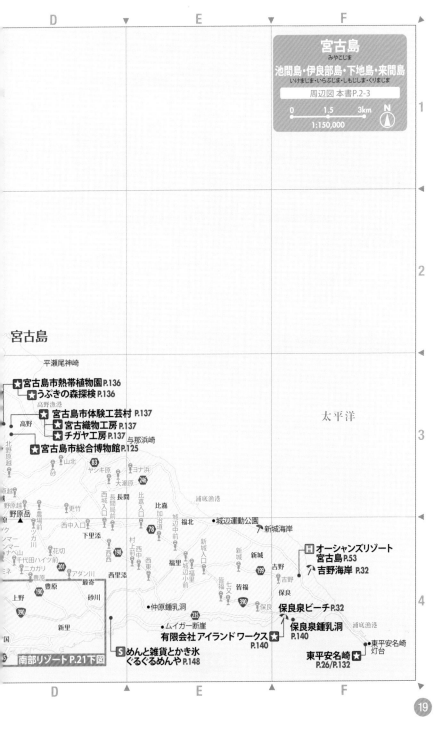

宮古島
みやこじま
池間島・伊良部島・下地島・来間島
いけまじま・いらぶじま・しもじしま・くりまじま

周辺図 本書P.2-3

0　　1.5　　3km　N

1:150,000

1

2

宮古島

平瀬尾神崎

★宮古島市熱帯植物園 P.136
★うぷきの森探検 P.136

高野漁港

★宮古島市体験工芸村 P.137
★宮古織物工房 P.137
★チガヤ工房 P.137
★宮古島市総合博物館 P.125

高野　与那浜崎

太平洋

3

北野原越

野原岳

山北　ヤシキ原　ヨナ浜
83

砂　大瀬原　246

西城入口　浦底漁港

原越　農場前　ツガリ　長間　比嘉
更竹　加治道　城辺中前　福北

西中入口　78　西間　新城入口

下里添　村上前　西　城辺
198　西東　福里　福里小前

新城　新城　199　吉野　オーシャンズリゾート
宮古島 P.53
★吉野海岸 P.32

花切　西里添　皆福　皆福　七又

千代田ハイツ前　アダン川　福里
201　ニカカリ　最寄　390　保良

国　豊原　新里　砂川　仲原鍾乳洞　保良泉ビーチ P.32

上野　190　235　保良泉鍾乳洞
P.140

390　ムイガー断崖　東平安名崎
灯台

南部リゾート P.21下図　有限会社アイランドワークス
P.140

東平安名崎
P.26/P.132

S めんと雑貨とかき氷
ぐるぐるめんや P.148

浦底漁港

4

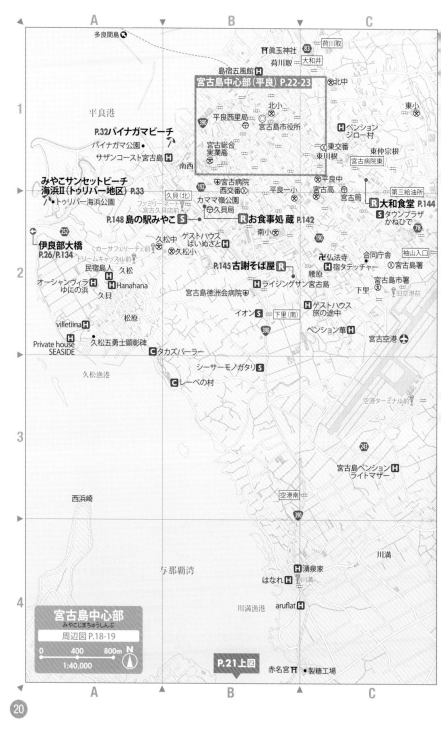

多良間島 ◎

♉眞玉神社　荷川取 ⚠83
荷川取　大和井
島宿五風館 🄷
北中 ◎

宮古島中心部(平良) P.22-23

平良港
北小 ◎

平良西里局 ◎
⚠390　宮古島市役所
東小 ◎

P.32パイナガマビーチ
パイナガマ公園 ●　ペンション
サザンコースト宮古島 🄷　ジロー村
南西　東仲宗根
宮古総合　東交番 ◎
実業高　東川根　宮古病院東

みやこサンセットビーチ
海浜Ⅱ(トゥリバー地区) P.33　⚠192　宮古病院　平良中 ◎
🄷 ●トゥリバー海浜公園　久貝(北)　西交番 ◎　平良一小 ◎　宮古高 ◎　宮古局
カママ嶺公園　第三給油所
ファミリーマート　**R大和食堂 P.144**
宮古久貝店前　カママ嶺公園　タウンプラザ
P.148 島の駅みやこ S ●　久貝局　**Rお食事処 蔵 P.142**　かねひで ⚠78

伊良部大橋　カーサフェリーチェ前　南小 ◎
P.26/P.134　久松中　ゲストハウス　⚠190
ドリームキャッスル前　ばいぬさとH　卍仏法寺　合同庁舎
●久松小　**P.145古謝そば屋 R**　宿タッチャー H　⚠宮古島署
オーシャンヴィラ　民宿島人　久松　腰原　袖山入口
ゆにの浜　H　H　宮古島市署
久貝　Hanahana　宮古島徳洲会病院 ⊕　Hライジングサン宮古島　下里 ◎
松原　イオン S　下里(南)　Hゲストハウス
villetiina H　⚠390　旅の途中
Private house　久松五勇士顕彰碑　ペンション華 H　宮古空港 ✈
SEASIDE　C タカズパーラー
久松漁港
シーサーモノガタリ S
C レーベの村

⚠243
宮古島ペンション H
ライトマザー

西浜崎
空港南

⚠390

川満

与那覇湾
H湧泉家
はなれH　川満
aruflat H

川満漁港

宮古島中心部
みやこじままちゅうしんぶ
周辺図 P.18-19
0　400　800m　N
1:40,000

P.21上図

赤名宮 ♉　●製糖工場

20

▲ A ▲ B ▲ C

上 (top map): 与那覇前浜 よなはまえはま
周辺図 P.18-19
0　400m　1:40,000　N

P.20

390

ザ・グリーン テラス
H 津嘉山荘
与那覇 H 与那覇
民宿 ヨナ・パハレ
H ゲストハウス上地
宮古島
下地庁舎前
上地
下地局
下地駐在所
191
上地南
洲鎌
南国屋
下地小
H 民宿ういづ
下地中

マリンロッジマレア
235

下地神社

390

嘉手苅

H 宮古島東急リゾーツ

洲鎌

与那覇前浜
P.33/P.132

仲里熱帯果樹園●

197

皆愛
皆愛
235

棚根入口

クハタイーハタ

下地公園

棚根

入江湾

★ **来間大橋** P.132

エメラルドコースト●
ゴルフリンクス

棚根

入江橋
入江
235

来間島

下 (bottom map): 南部リゾート なんぶりぞーと
周辺図 P.18-19
0　400m　1:40,000　N

学校前　上野小
上野中
上野局
長江
高田駐在所

砂川駐在所　砂川小
砂川小前　砂川中
201

190

ヤーバル

高田　東青原

砂川
砂川簡易局
砂川

P.145 丸吉食堂 R

西テマカ
名嘉山
南テマカ

大峰

製糖工場●
上野出張所

P.137 多良川 ★

砂川神社

390

友利

新里

シギラビーチ入口

新里
新里公民館前

202
宮国

大峰

新里

**P.146
島Cafe
C とぅんからや**

先島諸島火番盛
(砂川遠見)

友利
201

シギラベイサイド スイート アラマンダ H
P.44
宮国

235

うえのドイツ●
文化村

R 琉球の風
H フェリスヴィラスイート
H ザ シギラ

H ブリッサ

ホテルブリーズベイマリーナ
P.47

21

宮古島中心部（平良）

みやこじましちゅうしんぶ（ひらら）

周辺図 P.20

0　50　100m
1:6,000

N

多良間島 ◆

第一ふ頭公園

よんなよ♪

平良港

平良港湾合同庁舎 •

沖縄総合事務局 •
平良港湾事務所

平良港 🚻 S モンテドール P.148

H 共和

宮古神社 ⛩

祥雲寺 ⛩

宮古島平良港 🚻

うるま荘 H

H 八城

ポート H

宮古島市役

390

マティダ市民劇場 •

宮古島 •
マリンターミナル

マティダ市民劇場前 🚻

H アトールエメラルド宮古島

西里西通り

H プレミア

H アイランド
コーラル

P.143

琉球王国さんご家 R

ビーチハウス宮古島 H

平良西里局
🏣

190

琉球 ♨

ミヤコセント

セイルイン H

公設市場前 🚻

宮古島公設市場 S

H オアシティ共和

ゲストハウス
フェーヌカジ H

190

S soram
P.149

S DESIG
MATCH
P.149

RICCO gelato C
P.147

192 H ラグア

沖縄 ♨

⊗ 宮古総合実業高

サンエー S

192

仲間御嶽 •

243

実業高前 🚻

宮古病院 🚻

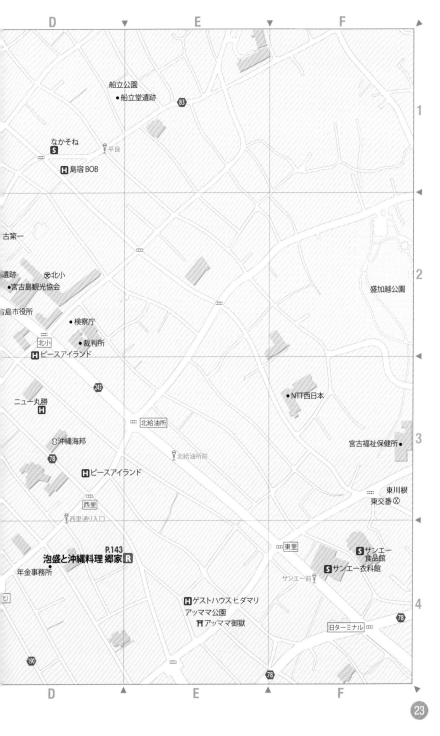

船立公園
● 船立堂遺跡 ⑧

なかそね
S 　　⑨平良

H 島宿BOB

古第一

遺跡　　⑧北小
● 宮古島観光協会

島市役所

● 検察庁
北小　● 裁判所
H ピースアイランド

⑳

ニュー丸勝
H

♪沖縄海邦
⑱

H ピースアイランド

西里
⑨西里通り入口

盛加越公園

● NTT西日本

北給油所

⑨北給油所前

宮古福祉保健所 ●

東川根
東交番⑧

東里

P.143
泡盛と沖縄料理 郷家 R
● 年金事務所

⑭

⑲0

⑱

サンエー前⑨

S サンエー
食品館
S サンエー衣料館

⑱

旧ターミナル

H ゲストハウス ヒダマリ
アッママ公園
开 アッママ御嶽

那覇
なは

周辺図 本書P.2-3

0　　350　　700m
1:35,000

N

中央卸売市場●

那覇北マリーナ

国立劇場おきなわ
国立劇場おきな

なうら橋

那覇工
安

安謝

那覇新港

天久

新港ふ頭

那覇港

天久緑地

泊漁港

泊港

那覇クルーズ
ターミナル

泊大橋

若狭
IC

那覇中心部 P.26-27

●とまりん

若狭海浜公園

美栄橋駅

波の上ビーチ

若狭大通り

久茂地

ビーチ
サイド

波上宮

上之蔵

県庁前駅

国際通り

那覇西道路

那覇うみそらトンネル

那覇
ショッピング前

那覇市第一牧
公設市場（仮記
※2022年3月31日ま
仮設市場として営

那覇空港IC

ロワジール&スパタワー

沖縄県庁
県庁
前通り

那覇港前

旭橋駅

那覇市役所

城岳公園

国際線ターミナル

エアートトレーディング P.155

JAL PLAZA P.155

那覇空港

那覇港

軍港湾施設

明治橋

[河場川]

沖縄国際YH

メルキュール那覇沖縄

那覇空港駅

陸上自衛隊
那覇駐屯地

北明治橋

壺川駅

国内線ターミナル
(のりば 1F)
(おりば 3F)

陸上自衛隊
訓練場

金城

壺川

壺川通り

ゆいレール

奥武山公園

那覇大橋

那覇西高

小禄金城公園

山下

奥武山
公園駅

●くじら公園

海上自衛隊
那覇航空基地(第5航空群)

田原

森口公園

漫湖

イオン

チャビラ

小禄駅

漫湖公園

航空自衛隊
那覇基地

赤嶺駅

赤嶺安里原

小禄

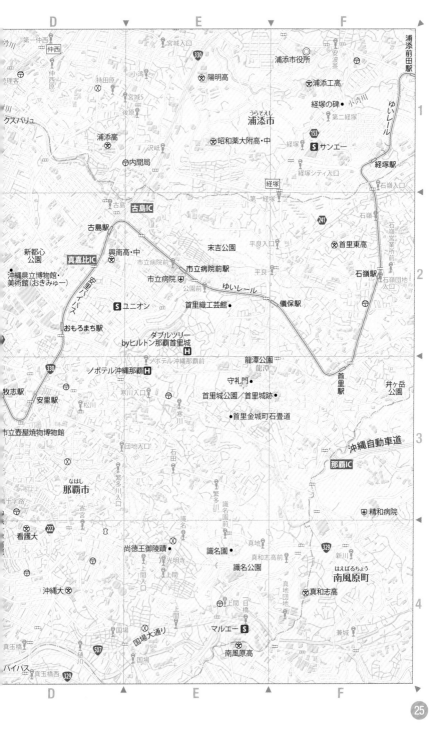

那覇中心部
なはちゅうしんぶ
周辺図 P.24-25
0 100 200m
1:10,000

夫婦瀬公園
泊埠頭
泊港入口
H ピースランド
とまりん
泊高橋
沖縄リブマックス那覇泊
スマイル
泊ふ頭入口

43
前島(3)
58

若狭(2)
若狭大通り
マックスバリュ H
H リゾネックス那覇
レッドプラネット那覇沖縄
H ルートイン

若狭中通り
若狭
若狭
那覇中
若松橋
前島

沖縄
月桃庵 R

ビクトリア H
ロコイン
プライオン那覇 H
エスティネート H
58
H リッチモンド

カクテルプラザ
松山(2)
松山 H
ソルヴィータ H

久米局
久米郵便前
美栄橋駅前
美栄橋駅
我部祖河

タイラ H
若松入口
松山(1)
松山公園
那覇市
APA H
久茂地(2)
松山
222
H 東横イン

H スマイル
福州園
那覇商高
久茂地橋
牧志(1)
緑ヶ丘公園

西武門
大典寺
農林中金前
久茂地川
ゆいレール
銀通り

商業高前
コザ

47
久米大通り
久茂地
サンパレス
42
ゆうなんぎい R
P.152 ふくぎや
国際通り店 S
P.154

久米
久茂地
P.153 沖縄美ら海水族館
アンテナショップ
うみちゅらら 国際通り店 S
松尾
松尾1
国際通り
松尾

天妃小
リブマックス那覇 H
ナハナ H
県庁前駅
H グレイスリー那覇

東横イン H
サン沖縄 H
P.152 雪塩さんど 国際通り店 S

西消防署通り
泉崎
パレットくもじ S
県庁北口
県庁北口

東町琉球サンロイヤル
58
かりゆしLCH H
泉崎橋通り
那覇市役所前
39
県庁前
県庁前通り

旭橋
ダブルツリーbyヒルトン H
39
那覇市役所
沖縄県庁
H チュラ琉球

旭橋駅
バスターミナル
390
旭橋
旭橋
SC 那覇オーパ
開南小
県警本部
42
那覇高

リーガロイヤルグラン那覇 H
バスターミナル前
330
旭町
ルートイン H
ハーバービュー通り
県庁南
那覇高前

久茂地川
那覇東急REI H
330
上泉

明治橋
331
明治橋
国場川
329
507
壺川(西)
H 沖縄ハーバービュー
城岳公園

D　　　　　E　　　　　F

泊小

ザ・ナハテラス H

水道局前

白(東)

中之橋

おもろまち(1)

ダイワロイネット H

みずプラッサ●

安里緑地
配水池

安里

安里教会†

沖縄

29

崇元寺

崇元寺
公園

安里八幡宮 H

卍八幡神徳寺

久茂地川
ゆいレール

崇元寺

安里1

那覇市

安里

330

大道中央病院

安里三差路

那覇
セントラル

S マックスバリュ

安里一区

H 山市

S 久髙民藝店 P.153

ロイヤルオリオン H

牧志公園前

H オーシャン

安里十字路

S PAIKAJI P.153

S 沖縄の風 P.153

安里

安里(2)

H サン・クイーン

カルビープラス S
沖縄国際通り店
P.152

国際通り

ダイワロイネット H

蔡温橋

南西観光

牧志駅前

沖縄

牧志

R 国際通り屋台村 P.154

39

安里駅前

安里駅

S りうぼう

那覇市ぶんか
テンブス館
那覇市伝統工芸館

グランドオリオン通り

安里駅前

R ステーキハウス88
国際通り店 P.154

姫百合橋

姫百合合橋

46

市場中央通り

ピータイム●

浮島通り

那覇市立壺屋焼物博物館

安里川

壺屋やちむん通り

壺屋

開南

330

開南

壺屋

神原小

開南本通り

ガーブ川

神原

かねひで S

神原中

与儀公園

中央図書館

知事公舎

所

与儀十字路

D　　　　　E　　　　　F

とりはずして使える

MAP

付録 街歩き地図

石垣・竹富・西表
宮古島

おとな旅
プレミアム
PREMIUM

JN023495

TAC出版

切り取り線

おとな旅
プレミアム
PREMIUM

石垣・竹富・西表・宮古島

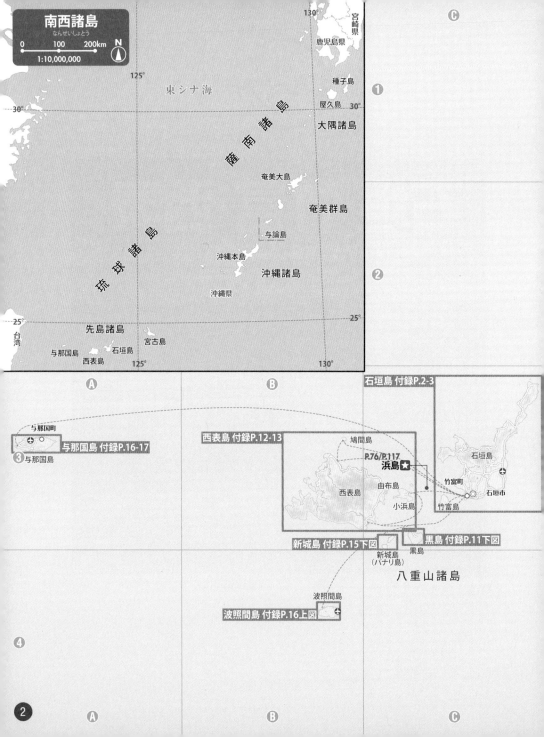

南西諸島
なんせいしょとう

0　100　200km
1:10,000,000
N

東シナ海

130°
宮崎県
鹿児島県
種子島
屋久島
大隅諸島

薩南諸島

奄美大島
奄美群島

与論島
沖縄本島
沖縄諸島

沖縄県

先島諸島
宮古島
石垣島
西表島
与那国島

台湾

125°　30°　25°　130°

琉球諸島

与那国町
与那国島 付録P.16-17
与那国島

西表島 付録P.12-13
鳩間島
P.76/P.117
浜島
西表島
由布島
小浜島

石垣島 付録P.2-3
石垣島
竹富町
石垣市
竹富島

新城島 付録P.15下図
新城島
(パナリ島)
黒島 付録P.11下図
黒島

八重山諸島

波照間島
波照間島 付録P.16上図

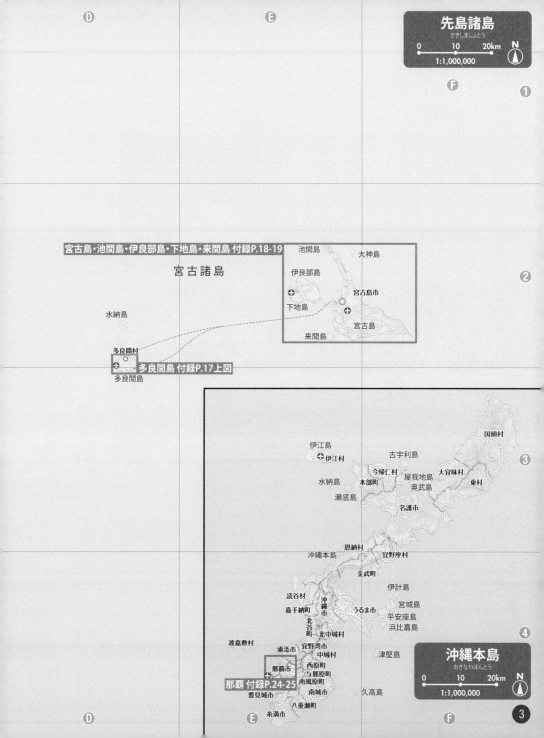

あなただけの
プレミアムな
おとな旅へ！
ようこそ！

SIGHTSEEING

白い道の両側
に鮮やかな花々
が咲く竹富島の
風景。

ブーゲンビリアの道 ➡ P.98

ISHIGAKI TAKETOMI
IRIOMOTE MIYAKO

石垣・竹富・西表・宮古島への旅

ゆるゆる歩む時が見える
忘我の果て夢うつつの旅

川平ブルーといい、宮古ブルー
といい、波照間ブルーという。
海の色が違う。透明感が素晴
しいエメラルドグリーンの海に誰
しもが息をのむ。最果てに来たと
いう感慨も湧く。石垣まで那覇
から1時間だが、その先の与那国は
日本の最西端、波照間は最南端。
孤島はサンゴ礁の海に浮かぶ。
風景も、ゆったりした人々の営み
を見ても、南海の桃源郷と呼び
たくなる。近代化の波も寄せて
はいるが、美しい沈黙は頑なに
それを押し返す。

水牛車に揺られて遠浅の海を
のんびりと進み、由布島へ
（亜熱帯植物楽園由布島）

真っ青な空と海が織りなす
南国ならではの景色にため息

NATURE

緑に覆われた
小島が点在し、
美しい景観を
生み出す

川平湾 ➡ P.23/60/64

NATURE

熱帯魚が集まる
シュノーケリング
ポイントも豊富

Sea Smile ➡ P.62

八重山の豊かな恵みを
贅沢に味わいたい

全国的にも有名なブランド肉
の石垣牛を焼肉で堪能
（炭火焼肉 やまもと）

GOURMET

南国ならでは
のカラフルな
メニューも豊富

Natural Garden Café
PUFF PUFF ➡ P.89

©OCVB

伝統が息づく
島の工芸品にふれる

島の暮らしに寄り添いながら
受け継がれてきたミンサー織
（あざみ屋 みんさー工芸館）

固有の種を守り育てた
独特の自然環境に身を委ねる

自然豊かな西表島のなかでも
幻の滝といわれるナーラの滝

NATURE

マングローブ
林の中をSUPで
漕いで進む

にじいろのさかな石垣島 →P.79

RESORT HOTEL

伝統家屋でのんびりくつろげる
極上のリゾート（星のや竹富島）

スパで身も
心もリフレッシュ
するのもいい

ANAインターコンチネンタル
石垣リゾート →P.42

リゾートホテルで
非日常のステイを満喫

7

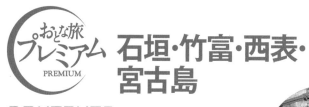

おとな旅プレミアム PREMIUM 石垣・竹富・西表・宮古島

CONTENTS

石垣・竹富・西表島
小浜島・黒島・波照間島・与那国島

宮古島
伊良部島・下地島・多良間島

● 本書中のデータは2023年12月〜2024年1月現在のものです。料金、営業時間、休業日、メニューや商品の内容などが、諸事情により変更される場合がありますので、事前にご確認ください。

● 本書に紹介したショップ、レストランなどとの個人的なトラブルに関しましては、当社では一切の責任を負いかねますので、あらかじめご了承ください。

● 営業時間、開館時間は実際に利用できる時間を示しています。ラストオーダー(LO)や最終入館の時間が決められている場合は別途表示してあります。

● 営業時間等、変更する場合がありますので、ご利用の際は公式HPなどで事前にご確認ください。

● 休業日に関しては、基本的に定休日のみを記載しており、特に記載のない場合でも年末年始、ゴールデンウィーク、夏季、旧盆、保安点検日などに休業することがあります。

● 料金は消費税込みの料金を示していますが、変更する場合がありますのでご注意ください。また、入館料などについて特記のない場合は大人料金を示しています。

● レストランの予算は利用の際の目安の料金としてご利用ください。Bが朝食、Lがランチ、Dがディナーを示しています。

● 宿泊料金に関しては、「1泊2食付」「1泊朝食付」「素泊まり」は特記のない場合1室2名で宿泊したときの1名分の料金です。曜日や季節によって異なることがありますので、ご注意ください。

● 交通表記における所要時間、最寄り駅からの所要時間は目安としてご利用ください。

● 駐車場は当該施設の専用駐車場の有無を表示しています。

● 掲載写真は取材時のもので、料理、商品などのなかにはすでに取り扱っていない場合があります。

● 予約については「要予約」(必ず予約が必要)、「望ましい」(予約をしたほうがよい)、「可」(予約ができる)、「不可」(予約ができない)と表記していますが、曜日や時間帯によって異なる場合がありますので直接ご確認ください。

● 掲載している資料および史料は、許可なく複製することを禁じます。

■ データの見方

☎ 電話番号	✆ アクセス
⊕ 所在地	Ⓟ 駐車場
⊕ 開館／開園／開門時間	Ⓡ 宿泊施設の客室数
⊕ 営業時間	in チェックインの時間
⊕ 定休日	out チェックアウトの時間
⊕ 料金	

■ 地図のマーク

★ 観光・見どころ	Ⓗ 宿泊施設
★ ツアー・アクティビティ	ⓘ 観光案内所
卍 寺院	🚩 道の駅
🛕 神社	⚓ ビーチ
✝ 教会	🚏 バス停
Ⓡ 飲食店	✈ 空港
Ⓒ カフェ・甘味処	⚓ 旅客船ターミナル
Ⓢ ショップ	
SC ショッピングセンター	

エリアと観光のポイント
八重山諸島&宮古諸島は
こんなところです

沖縄本島の南西に連なる島々は先島諸島と呼ばれ、宮古島を中心とする宮古諸島、石垣島を中心とする八重山諸島が含まれ、いずれの島も自然豊かで風光明媚。先史時代の遺跡には台湾、フィリピン、ポリネシアとの共通点が多く、沖縄本島とはルーツが異なることが知られている。

観光の拠点は石垣島
八重山諸島 ➡P.56
やえやましょとう

日本の最西端にある群島で、沖縄本島からは南西に約400km。最も賑やかな石垣島を中心に12の有人島が連なり、古い家並みがのどかな竹富島、ジャングルに覆われた西表島など、いずれも個性豊か。固有の動植物も数多い。

↑白砂の道と石垣がのどかな竹富島の街並み
↓鮮やかに輝く海が美しい石垣島川平湾（かびらわん）

観光のポイント 石垣島を拠点に、ツアーで各島を訪れることができる。ひとつの島にゆっくり滞在するのもいい

石垣島〜小浜島
船 **25〜30分**
石垣港離島ターミナル〜小浜港

石垣島〜竹富島
船 **10〜15分**
石垣港離島ターミナル〜竹富港

石垣島〜黒島
船 **25〜30分**
石垣港離島ターミナル〜黒島港

石垣島〜与那国島
飛行機 **約30分**
南ぬ島石垣空港〜与那国空港
RAC 1日3便 1万3530円
フェリー **約4時間**
石垣港離島ターミナル〜久部良港

西表島〜鳩間島
船 **10〜15分**
上原港〜鳩間港

石垣島〜鳩間島
船 **40〜45分**
石垣港離島ターミナル〜鳩間港

石垣島〜西表島
船 **45〜50分**
石垣港離島ターミナル〜上原港
船 **40〜45分**
石垣港離島ターミナル〜大原港

石垣島〜波照間島
船 **60分〜1時間20分**
石垣港離島ターミナル〜波照間港

久部良港
与那国島

鳩間島
上原港
由布島
西表島
石垣島
大原港
小浜島
石垣港離島ターミナル
竹富島
新城島
黒島
波照間島
波照間港
八重山諸島

※八重山諸島の各島間の移動について、詳細は**P.57**

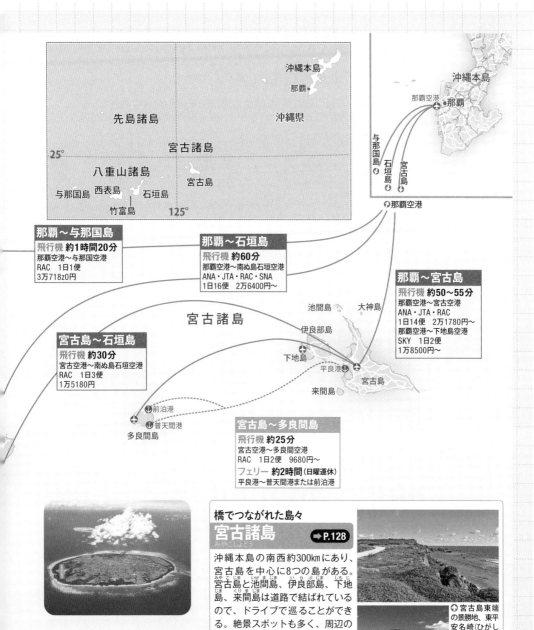

先島諸島

宮古諸島

八重山諸島

沖縄本島
那覇

沖縄県

25°

与那国島　西表島　石垣島
竹富島　125°
宮古島

沖縄本島
那覇空港　那覇

与那国島
石垣島
宮古島

那覇空港

那覇～与那国島
飛行機 約1時間20分
那覇空港～与那国空港
RAC　1日1便
3万718z0円

那覇～石垣島
飛行機 約60分
那覇空港～南ぬ島石垣空港
ANA・JTA・RAC・SNA
1日16便　2万6400円～

那覇～宮古島
飛行機 約50～55分
那覇空港～宮古空港
ANA・JTA・RAC
1日14便　2万1780円～
那覇空港～下地島空港
SKY　1日2便
1万8500円～

宮古諸島

池間島　大神島
伊良部島
下地島
平良港　宮古島
来間島

宮古島～石垣島
飛行機 約30分
宮古空港～南ぬ島石垣空港
RAC　1日3便
1万5180円

前泊港
普天間港
多良間島

宮古島～多良間島
飛行機 約25分
宮古空港～多良間空港
RAC　1日2便　9680円～
フェリー 約2時間（日曜運休）
平良港～普天間港または前泊港

橋でつながれた島々
宮古諸島
みやこしょとう　→ P.128

沖縄本島の南西約300kmにあり、宮古島を中心に8つの島がある。宮古島と池間島、伊良部島、下地島、来間島は道路で結ばれているので、ドライブで巡ることができる。絶景スポットも多く、周辺の海はサンゴ礁が美しい。

観光のポイント 宮古島を拠点に車で景勝地巡り。醍醐味は伊良部大橋、池間大橋などの海上ドライブ

↑宮古島東端の景勝地、東平安名崎（ひがしへんなざき）
↑宮古島と池間島を結ぶ池間大橋

※宮古諸島の各島間の移動について、詳細は**P.129**

13

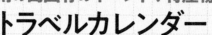

南の島固有のイベントや特産物も楽しみのひとつ

トラベルカレンダー

夏は長く、冬が短いので、一年を通して温暖な気候を楽しむことができる。
昼夜で気温差が激しい季節もあるので、適した服装を用意しておきたい。

1月	**2**月	**3**月	**4**月	**5**月	**6**月
最も寒い時期。北東の季節風が吹き、小雨まじりの肌寒い天気が多い。	引き続き寒さは続くが、中旬頃から気温が上がり、日照時間が長くなる。	春らしい「うりずん」と呼ばれる安定した気候。各島で海開きが始まる。	初夏を迎え薄着で過ごせる。いち早くバカンスをとりたい人はこの時期に。	中旬頃から梅雨入り。晴れた日は気温が上昇し、日差しが強い。	スコールが多く、気温も高い。上旬には梅雨が明け、本格的な夏に。

● 石垣島月平均気温（℃）　■ 石垣島月平均降水量（mm）
● 宮古島月平均気温（℃）　■ 宮古島月平均降水量（mm）

長袖シャツで過ごせる日もあるが、風が強い日は薄手のコートが必要 ▽

夏服で過ごせる。晴れた日は紫外線が強いので日よけ用のシャツを着用

気温折れ線：
18.6 / 18.0 ｜ 19.1 / 18.3 ｜ 20.8 / 20.0 ｜ 23.3 / 22.4 ｜ 25.7 / 24.8 ｜ 28.0 / 27.2

降水量棒グラフ：
130.6 / 130.8 ｜ 139.4 / 141.3 ｜ 131.5 / 137.8 ｜ 155.1 / 160.3 ｜ 206.6 / 207.7 ｜ 206.6 / 185.5

1月下旬
石垣島マラソン
日本最南端のマラソン。フル、ハーフ、10kmの3部門あり、体力に合わせたコースが選べる。地元の人々の声援が温かいアットホームな大会。

1月下旬～2月上旬
（旧暦1月1日）
「旧正月」黒島の大綱引き
南北にまたがった大綱を島民が引っ張り合い、南が勝つと豊作、北が勝つと畜産業が発展するといわれ、五穀豊穣を祈願する行事。

2月第2土曜
やまねこマラソン大会
[西表島]
西表島の上原小学校がスタート地点。23km・10km・3kmのコースを選び、島の自然や風を感じながら走りきる。

2月下旬
黒島牛まつり
牛が多い黒島で行われる畜産イベント。牛肉を使った郷土料理が用意され、牧草を使った参加型ゲームやライブなどが催される。

3月4日
三線の日
民謡、古典音楽、舞踊に欠かせない三線の日。石垣島では2001年から流派を超えた三線大演奏会が行われる。

3月中旬～下旬
八重山の海びらき
石垣島をはじめとする八重山諸島の海びらき。神司の安全祈願から始まり、海上収穫祭などのビーチ遊びや伝統芸能の踊りも披露される。

4月上旬
宮古島の海開き
与那覇前浜ビーチで海の安全祈願、海開き宣言、テープカットなどのセレモニー・イベントが行われる。

4月中旬～下旬
全日本トライアスロン宮古島大会
地元、県外からのアスリートたちが参加し、雄大な自然を駆け抜ける。

5月4日
鳩間島音楽祭
島内外の民謡やさまざまなジャンルの音楽家が集まり、演奏をする。島内最大のイベント。

6月頃
（旧暦5月4日）
ハーリー
海神祭
石垣島、西表島、与那国島、宮古島で大漁を祈願する海人（漁師）の祭りが行なわれる。爬龍船競漕（はりゅうせんきょうそう）の鐘が鳴ると梅雨が明けるといわれている。

島らっきょう 11～3月
島ニンジン 11～2月
パパイヤ、ヘチマ、冬瓜、海ぶどう 1～12月

グルクン 4～7月
パッションフルーツ 4～7月
マンゴー 6～8月
パイナップル 6～8月
ドラゴンフルーツ

↑グルクン

↑マンゴー

↑鳩間島音楽祭

↑海神祭(ハーリー)

↑四カ字(しかあざ)の豊年祭

↑種子取祭(たなどぅい)

7月	**8**月	**9**月	**10**月	**11**月	**12**月
木々の緑も青々と生長し、夏の日差しで海のきらめきが増してくる。	海のブルーが美しく見える季節。高気圧に覆われ晴天が続く。	朝晩は涼しくなるが、日中の気温は真夏並み。大型台風も多く発生する。	少しずつ気温が下がり始める。新北風(みーにし)が吹き、ひと雨ごとに秋が深まる。	真夏のような暑さはなくなり、穏やかで過ごしやすい季節になる。	肌寒い日も増えるが、突発的に半袖でも出歩けるような暑さになる日も。

半袖で過ごせる日もあるが11月下旬から気温が下がり始める

29.5　29.2　　27.9　　25.9　　23.2　　20.1
28.7　28.5　27.4　25.4　22.7　19.7

日焼けによるやけどに注意。日焼け対策は万全の準備を

130.4　130.8　261.6　262.5　257.7　230.0　204.5　156.2　156.5　146.9　126.3　131.3

7月(旧暦6月)
四カ字の豊年祭
【石垣島】
豊作を神に感謝し、五穀豊穣を祝う石垣島最大の祭り。大川、登野城、石垣、新川の各字で祈りや芸能を奉納したあと、すべての字が一堂に会し、大綱引きが行われる。

8月頃(旧暦7月13~15日)
アンガマ【石垣島】
あの世からの使者が家々を訪問し、方言を駆使した珍問答や踊りなどで祖先の霊を供養する。

8月下旬
ムシャーマ
【波照間島】
豊年祭と旧盆行事を合わせた祭り。五穀豊穣をもたらす来訪神"ミルク神"(弥勒)が集落を練り歩く。

9月中旬~10月中旬(旧暦8月)
結願祭【八重山各地】
竹富島、小浜島、黒島、鳩間島、川平などで一年を締めくくる祈願祭を行う。

9月中旬~10月中旬(旧暦10月前後の己亥(つちのとい)~3日間)
節祭【西表島】
祖納、干立地区で行われ、稲作への感謝と五穀豊穣、健康と繁栄を祈願する。

10月上旬(旧暦9月上旬の2晩)
島尻のパーントゥ
【宮古島】
全身に泥を塗った厄払いの神が人々に泥を塗り、お祓いをする。また、上野野原地区でも旧暦12月最後の丑の日に行う。

11月第1土・日曜
石垣島まつり
2日間で5万人以上が訪れる島最大のイベント。有名アーティストが参加するライブステージや、約2000人の市民によるパレードが行われる。

11月第2土曜
日本最西端
与那国島一周
マラソン大会
温暖な気候と美しい自然景観を楽しみながら25km・10kmのいずれかのコースを駆け抜ける。

10月中旬~12月中旬(旧暦9月の庚寅(かのえとら)、辛卯(かのとう)の2日間が中心日)
種子取祭【竹富島】
約600年の伝統がある竹富島で最大の祭り。さまざまな伝統芸能が神々に奉納される。

↑グァバ

グァバ 8~9月
島バナナ 8~9月

島らっきょう 11~3月
島ニンジン 11~2月

↑島バナナ

↑ドラゴンフルーツ

6~11月

プレミアム滞在モデルプラン
石垣・竹富・西表・宮古島
おとなの1日

豊かな自然や伝統文化が残る島々を
のんびりと巡りながらそれぞれの魅力に浸る。
絶景が望めるアクティビティはもちろん、
グルメやショッピング、体験も楽しみたい。

⤴石垣島で最も有名な景勝地である川平湾。真っ白な砂浜と青く澄んだ海のコントラストは息をのむほど

石垣島の1日

アクティビティにも挑戦!

| 8:00 | 石垣市美崎町付近 |

約30分
石垣市街から県道79号を北へ。約19km

| 8:30 | 川平湾 |

約35分
約25km

| 13:30 | 請福酒造 |

約15分
国道390号経由、約7km

| 14:30 | 石垣タウン |

石垣タウンは
自由に歩きたい

| 18:30 | うさぎや 石垣本店 |

約50分
県道208号を北へ、バンナ公園の手前で前勢岳林道に入る。約7km

| 21:00 | 石垣島天文台 |

約40分
県道79号経由、約7km

| 22:30 | 石垣市美崎町付近 |

美しい眺めに癒やされ、島文化にふれる旅

自然がつくり出した景観に酔い、八重山文化を味わう。

穏やかな 海の自然美 にふれる

川平湾 ➡P.23/60/64
かびらわん
海の色が天候や時間によって七変化する。澄んだカビラブルーを求めるなら満潮時がおすすめ。

川平マリンサービス ➡P.62
かびらマリンサービス
普段着のままグラスボートに乗ってサンゴ礁や熱帯魚が集まるポイントへ。カラフルな海中の様子を観察。

⤴川平湾は潮の流れが速く、遊泳はできないが、グラスボートならば手軽に海の中を観察できる

⤴海中がよく見えるのは透明度が高くなる満潮の2時間前後。海の生き物の動きが活発な時間帯は干潮から満潮にかけて

八重山産泡盛 の製造元へ

請福酒造 ➡P.83
せいふくしゅぞう
日本一小さな蒸留所を持つ酒造。試飲をして多彩な泡盛のなかから好みのものを探そう。

石垣タウン を歩き、伝統文化を体験する

あざみ屋 みんさー工芸館 ➡P.66
あざみやみんさーこうげいかん

女性から男性への愛の証しとして織られてきたミンサー織を展示・販売。

⬆小物ならば約30分で作品ができあがるので、手軽でうれしい

ユーグレナモール ➡P.94

生鮮市場で人々とのふれあいを楽しんだり、島の作家が作るかわいい雑貨やおいしいスイーツなどの買い物ができる。

⬆ユーグレナモール内の市場には幅広い商品が揃う

島の人々と 八重山民謡 で 盛り上がる

うさぎや 石垣本店 ➡P.87
うさぎやいしがきほんてん

三線と島唄のライブを堪能できる店。独特な音階が沖縄らしさを感じさせる島唄を聴きながら、グルメを楽しめる。

日本一美しい 天然のプラネタリウム で星空観賞

写真提供：国立天文大

石垣島天文台 ➡P.27
いしがきじまてんもんだい

九州・沖縄で最大の光景105cmの光学望遠鏡で美しい星空を観賞。天体観望会が開催される。土・日曜、祝日にだけ行われる30分間の天体ショーだ。5～6月には南十字星を観賞できることもある。

プランニングのアドバイス

石垣島は周囲約140kmと広く、路線バスはないのでレンタカーや観光タクシーを利用したい。レンタカーの場合、ドライバーは「請福酒造」での泡盛試飲や、「うさぎや 石垣本店」での飲酒ができないので注意。川平湾から請福酒造へ向かう途中、石垣島の中央に位置する「バンナ公園」（P.71）に立ち寄れば、展望台から島が一望できる。市街地に到着後は石垣港離島ターミナル付近の駐車場に車を一時駐車すると行動がしやすい。午後から夕刻までのプランニングを石垣島から最も近い離島・竹富島（P.96）に変更してみるのもおすすめ。レンタサイクルや観光バスを利用すれば半日で島内を巡ることができる。また、三線の音色を聴きながら水牛車に乗ってゆっくり昔ながらの家並みを見てまわるのも島の雰囲気が味わえていい。

⬆沖縄の原風景が残る竹富島は八重山屈指の人気観光地

川平湾周辺には眺めの良いカフェや食事処がある。海風に当たりながら八重山そばやタコライスなどの島料理を食してみたい。

⬆手打ちの八重山そばは絶品

東洋のガラパゴス・西表島の自然を知る

ジャングルに覆われた島では自然と向き合うエコツアーがおすすめ。

⊕落差は20m、丸い滝つぼを持つマリユドゥの滝

7:00 石垣港離島ターミナル

約1時間
西表島・上原港まで高速船で45分。浦内川遊覧船乗り場までバスで15分、約6km

9:30 浦内川

約1時間
県道215号経由で水牛車乗り場まで車で45分、約30km。水牛車に乗って10分

14:00 由布島

約1時間
水牛車で10分、西表島・大原港まで車で20分、約12km。石垣島までフェリーで40分

18:00 石垣港離島ターミナル

浦内川 クルージング＆トレッキング

マリユドゥ・カンピレーの滝 トレッキング ➡P.108
マリユドゥ・カンピレーのたきトレッキング

沖縄県で最長の長さを誇る浦内川の景色を眺めながらクルージング。上流の軍艦岩船着き場から2つの滝を巡るには最低でも1時間30分は必要だ。帰りの遊覧船に乗り遅れないように注意。

⊕轟音を立て、岩肌を勢いよく流れるカンピレーの滝

のんびりと水牛車に揺られて 由布島 へ

亜熱帯植物楽園 由布島 ➡P.112
あねったいしょくぶつらくえん ゆぶじま

由布島へは約400m、浅瀬を水牛車に乗って10分で到着する。小さな島なのでゆっくり歩いても1時間前後で一周できる。美しい花々もみどころのひとつ。

⊕大きな温室のような「蝶々園」では日本最大の蝶・オオゴマダラを見ることができる

⊕南国の風景が続く通りにはブーゲンビリアをはじめとする美しい花々が咲き誇る

プランニングのアドバイス

西表島行きのフェリーは当日の気象・海象状況によって欠航になることがある。事前にHPなどで確認を。西表島でレンタカーを利用する場合、車の台数が限られているので必ず予約を。島内ではトレッキングや散策をするため、歩きやすい靴・服装が望ましい。自然を軽視すると遭難することもあるので単独行動はしないように。帰りのフェリーは東部の大原港発となるので最終時刻を把握しておこう。上原港付近の幹線道路沿いにカフェや食事処が点在する（P.114～）。イノシシのタタキやイラブ汁といった島特有のスタミナ料理もあるので挑戦してみるのもいい。

↑島パインやアップルマンゴーも名産なのでデザートにいただきたい

宮古島 の 1日

9:00 宮古空港
↓ 約40分
車で約20km

9:40 吉野海岸
↓ 約45分
車で約25km

13:30 伊良部島
↓ 約30分
車で約20km

16:00 宮古本島北端
↓ 約45分
車で約20km

18:00 宮古空港

海の美しさが際立つ宮古島の絶景を巡る

沖縄の離島でひときわまばゆい宮古島の海。レンタカーでゆったりまわる。

サンゴ礁 と色とりどりの 熱帯魚 に出会う

吉野海岸 →P.32
よしのかいがん

宮古島のなかでも魚の数、種類が多く、サンゴが大きいことでも有名。シュノーケリングセットを貸し出す店もあり、気軽に海の中をのぞくことができる。

⬆シュノーケリングで目の前に広がる別世界を体験

橋を渡り 伊良部島 まで足をのばす

伊良部大橋
いらぶおおはし
→P.26/134

2015年に開通。宮古島と伊良部島を結び、通行無料の橋としては日本最長。伊良部島ではダイビングなどのマリンスポーツが人気。

渡口の浜 →P.33/135
とぐちのはま

弧を描く白い砂浜と遠浅でやさしい波が立つ穏やかなビーチは、南国の楽園そのもの。

プランニングのアドバイス

主要な観光スポットは空港から30分圏内。一年を通して海水が温かいのでダイビングやシュノーケリングが楽しめる。サンゴが多いので安全のためにウェットスーツを着用したほうがいい。日没の時刻は季節によって異なる。事前に調べて旅の締めくくりの夕景を楽しもう。吉野海岸から伊良部島へ向かう途中の国道390号沿いにカフェや食事処が点在する。空港付近の市街地に比べると、店の数は多くないのでどこに行くかあらかじめ決めておこう。平麺であっさり味の宮古そばは代表的な島料理のひとつ。

北上して南西の 絶景 を望む

池間大橋 →P.25/133
いけまおおはし

宮古島と池間島を結ぶ全長1425mの橋。太陽の光によってブルーがさまざまに変化するという美しい海。橋のたもとの駐車場からの眺めが素晴らしい。

西平安名崎 →P.133
にしへんなざき

展望台からは南西の伊良部島や下地島まで見られ、サンセットも必見。

雪塩ミュージアム →P.137
ゆきしおミュージアム

澄んだ宮古島の海から作られる塩の工程が学べる。

ニュース＆トピックス

八重山諸島の中心地であり、沖縄最高峰の於茂登岳がそびえ、珊瑚の海に囲まれた自然の宝庫でもある石垣島。離島めぐりの拠点としても至便な市街には、続々と新しいホテルやスポットが誕生している。

多彩な宿泊スタイルを実現する リゾートホテル が登場

島特有の美しい景色を独り占めできるプライベートヴィラ、アクティビティや観光拠点としての立地とリゾートの両面で満足できるホテルが次々にオープン。

デッキチェアやバーのある ウォーターガーデン

2024年3月オープン

VIVOVIVA 石垣島
ビボビバいしがきじま

竹富島を望み、輝く海と保安林など島独特の景色のなかで滞在を楽しめるコンドミニアム。館内にはスパやフィットネスジムも備え、プライベートプール付きの客室も用意。

西部
MAP 付録P.3 E-4
☎0980-87-7775
㊳石垣市新川舟蔵2485-3 ✈南ぬ島石垣空港から車で25分
Ｐ115台 in15:00
out10:00 室98室
予算1泊2食付2万6800円〜

テラスから直接ガーデンプールを利用できる客室

贅沢な滞在を満喫できるスパメニューも充実

プールを備えたオーシャンビューのOcean Wing

2つの寝室にはシモンズ製の高級マットレスのベッドが完備

最大10名まで滞在でき、リビングもゆったり

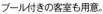

2023年7月オープン

730HOTELS.
ななさんまるホテルズ.

石垣島の中心街、730交差点前に立つ複合施設内の3階ワンフロアを使ったプライベートヴィラ。離島めぐりや海水浴にもおすすめ。テラスルームにはロウリュサウナも完備。

中心部 MAP 付録P.9 E-3
☎079-263-7511
㊳石垣市大川1 730COURT EAST棟3F
✈南ぬ島石垣空港から車で30分 Ｐなし
in15:00 out11:00 室1室
予算1泊2万2000円〜（食事なし）

石垣島の魚介や郷土の味覚たっぷりの朝食ビュッフェ

2023年2月オープン

クイーンサイズのベッドが並ぶツインルーム

ベッセルホテル石垣島
ベッセルホテルいしがきじま

中心部
MAP 付録P.8 C-2

離島ターミナルやバスターミナルへも徒歩圏内の好立地。シングル21㎡、ツイン26㎡の広々とした快適な客室が好評なホテル。日替わりの朝食ビュッフェも魅力。

☎0980-88-0101
㊟石垣市浜崎町1-2-7
🚗南ぬ島石垣空港から車で30分 🅿40台 in14:00
out11:00 客126室
予算1泊朝食付8000円～

市の中心地の730交差点にある好立地ホテル

八重山諸島の自然をモチーフとした客室

2023年7月オープン

ホテルグランビュー石垣 The First
ホテルグランビューいしがき ザ ファースト

中心部
MAP 付録P.9 E-3

八重山諸島の自然や風土、文化をモチーフにしたホテル。港や市場へも徒歩3分圏内のアクセスの良さも魅力。

☎0980-82-6161 ㊟石垣市登野城1 🚗南ぬ島石垣空港から車で25分 🅿20台 in15:00
out10:00 客98室 予算1泊2食付1万6500円～

地元の食材が楽しめる
おしゃれな グルメスポット に注目

燦々と降り注ぐ太陽のもとで育まれたブランド牛や、鮮度抜群のマグロなど海鮮も豊富に味わえる石垣島の、旬なグルメスポットをご紹介！

石垣牛&ビュッフェ
Island Churrasco
いしがきぎゅう&ビュッフェ
アイランド シュラスコ

2023年9月オープン

豊かな牧草地で育った「石垣牛」を、豪快に塊で串焼きにするシュラスコの店。多彩なビュッフェメニューも味わえる。

中心部 **MAP** 付録P.9 E-2

☎050-1807-7336
㊟石垣市大川258番地レオビル5F 営17:00～23:00(LO21:00)
休無休 🚗南ぬ島石垣空港から車で25分 🅿なし

岩塩のみで焼き上げ、テーブルで切り分けるシュラスコ

石垣牛や海鮮の握り寿司、多国籍料理が並ぶビュッフェ

kupukupu cafe
クプクプ カフェ

2023年4月オープン

中心部
MAP 付録P.2 C-2

アバーズド・バレ石垣1階のカフェ。石垣牛を使ったハンバーガーやステーキ重(スープ、サラダ、副菜、漬物付)4180円など、地元の食材を生かした料理や、黒糖、紅芋を使ったチーズケーキ600円～など、石垣島らしいメニューが揃う。

☎0980-84-5378
㊟石垣市桴海337-250
営11:00～21:00
(LO20:30) 休月曜
🚗南ぬ島石垣空港から車で20分 🅿アバーズド・バレ石垣駐車場利用

大きな窓の外にはテラス席もあり、リゾート感があふれる店内

石垣牛100パーセントのパテを使用する石垣牛のハンバーガーセット(ポテトとスープ付)2420円

どこまでも広がる海と空に包まれる
絶景セレクション

沖縄本島からさらに南へ。八重山諸島、宮古諸島
それぞれの自然が生み出した絶景に出会う旅へ。

旅行気分を
盛り上げる
絶景を
見に行こう

いつまでも眺めていたい感動の美景
豊かな自然を堪能

Rich in nature

B サトウキビ畑を突っ切る一直線の道
シュガーロード ➡P.116

小浜島 MAP 付録P.11 F-2
小浜島にある、連続テレビ
小説『ちゅらさん』のロケ地
として有名な道。サイクリ
ングがおすすめで、夏から
秋にかけては背の高いサト
ウキビ畑が出迎えてくれる。
❊小浜港から車で7分

特集●絶景セレクション

22

Beautiful View Map

G F
H I
宮古島

A D
E
J C B K
西表島 石垣島

A 潮の満ち引きで変わるブルーの美しさ

川平湾 かびらわん ➡P.60/64

石垣島 **MAP** 付録P.4 C-2

日本百景にも選ばれている石垣島屈指の景勝地。遊泳はできないので、湾内のサンゴ礁はグラスボートで観賞しよう。黒蝶真珠の養殖を世界で初めて成功させた場所としても知られる。

🚌離島ターミナルから車で30分

C 沖縄県最大の落差の滝

ピナイサーラの滝 ➡P.106

ピナイサーラのたき

西表島 **MAP** 付録P.12 C-2

「ピナイ」はひげ、「サーラ」は下がったものを意味する。滝の上からはバラス島を望む絶景が、滝の下からは高さ55mから落ちてくる水の迫力が堪能できる。

🚌大原港から車で1時間

23

D 白い灯台が映える石垣島の最北端

平久保崎 ひらくぼざき ➡P.64

石垣島 **MAP** 付録P.2 A-1

300度以上のパノラマに、岬の上からも海中のサンゴ礁が見えるほどの美しい海が広がる。晴れた日は多良間島が見えることも。周辺は琉球王朝時代から放牧場として使われていた。

❌離島ターミナルから車で1時間10分

E ハイビスカスの道の先にオーシャンビュー

玉取崎 たまとりさき

石垣島 **MAP** 付録P.2 C-1

太平洋と南シナ海、「シーサーのしっぽ」と呼ばれる平久保崎まで一望できる貴重なスポット。展望台までの道は一年を通じてハイビスカスが咲き誇る。

❌離島ターミナルから車で40分

F エメラルド色の海を突っ切る

池間大橋 いけまおおはし ➡P.133

宮古島 **MAP** 付録P.18 C-1

宮古島と池間島をつなぐ全長1425mの橋。1992年に開通した当時は沖縄県内で最も長い橋だったが、1995年に来間大橋、2015年には伊良部大橋と、さらに長い橋が完成。現在では3つの大橋がその眺望の素晴らしさを競っている。

🚗宮古空港から車で45分

G 日本最大のサンゴ礁群

八重干瀬 やびじ ➡P.138

宮古島 **MAP** 付録P.18 B-1

池間島の北東沖にあるサンゴ礁群で、その大きさは南北約17km、東西約6.5kmにもおよぶ。旧暦3月の大潮の日には海面上に現れるため、「幻の大陸」とも。

🚗宮古空港から車で45分、池間島から船で15分

豊かな自然を堪能

H 絶好のドライブスポット
伊良部大橋 いらぶおおはし ➡P.134
宮古島 **MAP** 付録P.18 B-3

2015年1月に開通、国内でも有数のダイビングスポットがある伊良部島と、宮古島がつながった。全長3540mで無料の橋としては国内最長。両サイドに広がる海の美しさは格別だ。
🚗宮古空港から車で20分

I 約2kmにわたる半島。広がる紺碧の海
東平安名崎 ひがしへんなざき ➡P.132
宮古島 **MAP** 付録P.19 F-4

宮古島の南東端から突き出た半島で、隆起サンゴ礁の石灰岩からなる。風衝地特有の植生があることでも有名で、春にはテッポウユリが咲き乱れる。
🚗宮古空港から車で35分

J 展望台からの眺めを楽しみたい
西崎 いりざき ➡P.122
与那国島 **MAP** 付録P.16 A-4

与那国島にある日本最西端の岬。日本で最後に沈む夕日が見られる場所とあって、夕暮れどきがとくに人気。ドラマ『Dr.コトー診療所』にも登場した。
🚗与那国空港から車で10分

ここでしか見られない満天の星
南の空の星を眺める
Stars in the southern sky

春は南十字星、夏は天の川やさそり座、秋は月やアケルナル、冬はむりかぶし（群星、すばる）、オリオン座、カノープス（南極老人星）などが見どころ

南の空の星を眺める

K 星の島石垣の空 降り注ぐ満天の星

石垣島天文台
いしがきじまてんもんだい

石垣島 **MAP** 付録P.3 E-3

バンナ公園の西に延びる林道を深く分け入った前勢岳にある国立天文台の観測施設。九州・沖縄で最大の光学・赤外線反射式望遠鏡「むりかぶし望遠鏡」など最先端の立体的な宇宙が体験できる設備を備え、太陽系をはじめとする天体観測と研究を行っている。一般公開されている施設やプログラムも多彩で、大望遠鏡で観察する星々は宇宙の果てまでを透かし見るよう。

☎0980-88-0013 　🏠石垣市新川1024-1 　🕐10:00〜16:15（入館は〜15:30、変更の場合あり）　📅月・火曜（月曜が祝日の場合は火・水曜）　💴施設見学100円（未就学児無料）、宇宙シアター（15:30〜）400円、小・中・高校生200円（小学生以上対象）　🚗離島ターミナルから車で25分　🅿あり（8台）

宇宙シアター
うちゅうシアター

「石垣市星空学びの部屋」にある200インチの大スクリーンで天体・星空の画像・映像コンテンツの見学や3Dメガネによる立体的な宇宙鑑賞ができる。上映時間約45分。

VERA石垣島観測局
ヴェラいしがきじまかんそくきょく

嵩田地区の20m電波望遠鏡は国内外の望遠鏡と連携した仮想巨大望遠鏡。ブラックホールジェットなど深宇宙を探る。

降り注ぐ星に感動
天体観望会
てんたいかんぼうかい

口径105cmの「むりかぶし望遠鏡」で、美しい宇宙の星々を眺める。木星などの惑星、月のクレーターもはっきりと見える。土・日曜と祝日の20時〜開催。

💴500円 　催行通年（雨天催行）　所要約45分　予約1カ月ほど前の予約推奨

⬆巨大な望遠鏡で天体を観察

〈写真提供：国立天文台〉

きらめく海と純白の砂浜が眩しい
ビーチでのんびり

抜けるような青空と透き通った海。
のんびり過ごすのも、アクティブに過ごすのも良し。
ビーチの特徴に合わせて最適な過ごし方を選びたい。

特集●ビーチでのんびり

八重山諸島

石垣島・竹富島
やえやましょとう　いしがきじま・たけとみじま

アクセス至便なビーチも。
潮位情報に注意を。

石垣島

竹富島

パウダーのような白浜にうっとり

Ⓑ 石垣島サンセットビーチ
いしがきじまサンセットビーチ

石垣島 **MAP** 付録P.2 B-1

砂質の良さと海の透明度の高さで評判の石垣島を代表するビーチ。石垣島で唯一、干潮でも遊泳可能で、アクティビティも充実している。

☎0980-89-2234　所石垣市平久保234-323
交離島ターミナルから車で50分
P70台、1日500円
遊泳期間 5/1～10/15　休期間中無休
遊泳時間 9:30～18:00（入場は～17:00）
施設使用料 500円　設備トイレ、シャワー、更衣室、パーラー、ビーチパラソル、シュノーケリング器材、ウェットスーツほか

Ⓓ 底地海水浴場
すくじかいすいよくじょう

石垣島 **MAP** 付録P.2 C-4

晴れた日は御神崎灯台が見え、三日月形の湾内の景色が美しい。海水温度が比較的高いので、長く海で遊べる。

☎0980-83-3986
（石垣市役所）
所石垣市川平185　交離島ターミナルから車で35分　P60台
遊泳期間 通年　休無休
遊泳時間 入場自由
施設使用料 無料（BBQ設備は有料）
設備トイレ、シャワー、更衣室、コインロッカー、ビーチパラソル（有料）、ハンモック（有料）、浮き輪（有料）

川平湾からも近いのんびりビーチ

Ⓒ 米原海岸
よねはらかいがん

石垣島 **MAP** 付録P.3 D-3

浅瀬にサンゴ礁があり魚の種類が豊富なことから、シュノーケリングスポットとして有名。潮の流れが速い場所もあるので要注意。

☎0980-82-1535（石垣市観光文化課）　所石垣市米原
交離島ターミナルから車で30分　Pなし
遊泳期間 通年　遊泳時間 入場自由
施設使用料 無料　設備 なし（近隣施設利用）

波打ち際でも熱帯魚が見える

※設備利用には、別途料金がかかる場合があります

手軽に南国リゾートを味わう

ホテルで受付

Ⓐ マエサトビーチ

ANAインターコンチネンタル石垣リゾート

石垣島 **MAP** 付録P.3 F-3

宿泊客以外も利用可能なホテルのビーチ。シーズン中にはハブクラゲの防止ネットがあり、家族連れでも安心だ。

☎0980-88-7111（ANAインターコンチネンタルホテル石垣リゾート）
🏠石垣市真栄里354-1 🚌離島ターミナルから車で10分 🅿442台
遊泳期間 通年 休無休
遊泳時間 9:00〜18:00（季節により変動あり）
施設使用料 無料
設備 トイレ、シャワー、更衣室、売店、レストラン、コインロッカー、ビーチパラソル（有料）、ビーチベッド（有料）ほか

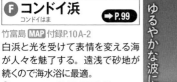

Ⓕ コンドイ浜 → **P.99**

コンドイはま

竹富島 **MAP** 付録P.10A-2

白浜と光を受けて表情を変える海が人々を魅了する。遠浅で砂地が続くので海水浴に最適。

☎0980-82-5445（竹富町観光協会）
🏠竹富町竹富 🚌なごみの塔から徒歩15分 🅿なし 遊泳期間 通年 休無休
遊泳時間 入場自由 施設使用料 無料
設備 トイレ、シャワー、更衣室、屋根付休憩所、ビーチパラソル（夏季のみ）、シュノーケリング器材（夏季のみ）

ゆるやかな波にたゆたう

ホテルで受付

Ⓔ フサキビーチ

フサキビーチリゾート ホテル&ヴィラズ

石垣島 **MAP** 付録P.3 E-4

ビーチからは西表島や小浜島を望む。マリンアクティビティも盛んだ。

☎0980-88-7297（フサキビーチリゾート内ビーチステーション）
🏠石垣市新川1625 🚌離島ターミナルから車で15分 🅿288台
遊泳期間 通年 休荒天時 遊泳時間 9:00〜17:30（閉場時間は季節により変動あり）
施設使用料 無料 設備 トイレ、シャワー、更衣室、売店、レストラン、ビーチパラソル、シュノーケリング器材、ほか

色とりどりの熱帯魚が集まる天然ビーチ

ACTIVITY

シュノーケリングツアー

講習付きで初心者も安心。のツアー。船で5分移動して気軽に楽しめる。💰7000円〜、小学生以下6000円〜

沖縄ビーチの基本を知る

ビーチの種類

沖縄の離島には、自然の浜をそのまま生かした天然ビーチが多い。ビーチの種類は、市町村が管理するパブリックビーチ、リゾートホテルが管理するプライベートビーチ、設備などがない自然のままの「いちゃんだ（無料）ビーチ」があるので、目的に合わせて選びたい。

ホテルビーチの利用法

ホテルが管理するプライベートビーチも、施設利用料を支払えばビジターも利用OK。整備が行き届き、監視員が常駐するなど安全面でも安心。ホテルならではのリゾート感あふれる雰囲気が満喫でき、最新のマリンアクティビティをはじめレストランやエステなどプラスアルファの楽しみも満載だ。

海水浴の期間は3〜10月

温暖な気候の沖縄だから一年中泳げると思われがちだが、管理されたビーチのほとんどは、海開きが行われる3月中旬頃から10月頃までに遊泳期間が決められている。海開き直後は水温も低く、肌寒い日があるので要注意。梅雨が明けて夏本番に入る6月下旬〜9月頃までが、海水浴のベストシーズン。

ビーチハウスの使い方

市町村が管理するパブリックビーチには、本土のビーチのように「海の家」がないが、シャワー、更衣室、トイレ、ロッカー、売店などが完備されたビーチハウスのような施設やレンタルショップがあるので、手軽に快適に海水浴が楽しめる。管理者によって利用条件や料金が異なるので、事前に調べておこう。

アクティビティを楽しむ

沖縄の美しい自然をとことん満喫するなら、リゾートアイランドならではの多彩なアクティビティにチャレンジしてみよう! バナナボートやパドルボード、ダイビング、シュノーケリング、パラセーリングなど、海上・海中・空の上から楽しめるプログラムが勢揃い。申込は、パブリックビーチやリゾートホテルのマリンカウンターほか、島内のマリンショップにて。事前予約が必要な場合が多いので、各ビーチやショップなどに問い合わせてみよう。

ビーチでパーティ?

沖縄の夏の恒例行事といえば「ビーチパーティ」。海辺で昼間からビール片手にバーベキューを楽しみ、泳ぎたい人だけ泳ぐというのが地元流。事前に予約すれば食材の準備から器材の貸し出しまでしてもらえ、手ぶらでバーベキューが楽しめる設備の揃ったビーチもあるので、島の自由なスタイルを楽しみながら遊びたい。

八重山諸島

八重山諸島
西表島・その他の離島
やえやましょとう　いりおもてじま・そのたのりとう

喧騒から離れ、離島へ。
自然美にあふれる
ビーチが広がる。

Ⓓ
与那国島

Ⓑ
Ⓒ
小浜島

西表島
Ⓐ
Ⓔ

Ⓕ
波照間島

Ⓑ 星砂の浜
ほしずなのはま

西表島 **MAP** 付録P.14 B-1

星形の有孔虫の殻"星砂"があり、星砂探しをする人が多く訪れる。シュノーケリングもおすすめ。

☎0980-82-5445（竹富町観光協会）
㊟竹富町上原 ㊢上原港から車で10分
Ⓟ10台

遊泳期間 通年 休無休 遊泳時間 入場自由 施設使用料 無料 設備 トイレ、シャワー（有料）、更衣室（有料）、レストラン、売店、ビーチパラソル、シュノーケリング器材（有料）

星砂のある浜でかわいい魚に出会う

Ⓔ 南風見田の浜
はえみだのはま

西表島 **MAP** 付録P.12 C-4

西表島随一のロングビーチ。シーズン中も比較的人が少なく、落ち着いた時間が持てるが、売店やトイレがないので、長居には向かない。

☎0980-82-5445
（竹富町観光協会）
㊟竹富町南風見
㊢大原港から車で10分
Ⓟ3台（駐車スペース利用）

遊泳期間 通年 休無休
遊泳時間 入場自由
施設使用料 無料 設備 なし

ビーチコーミングも楽しめる

Ⓒ トゥドゥマリの浜
トゥドゥマリのはま

西表島 **MAP** 付録P.14 A-2

弧を描いている地形から「月ヶ浜」とも。岩石由来の砂浜で、歩くと音がする「鳴き砂」が体験できる。

☎0980-82-5445（竹富町観光協会）
㊟竹富町上原 ㊢上原港から車で15分 Ⓟ5台（駐車スペース利用）

遊泳期間 通年 休無休
遊泳時間 入場自由
施設使用料 無料 設備 なし

※設備利用には、別途料金がかかる場合があります

夕日のスポットとしても人気

小浜島一と名高いホテルのビーチ

ホテルで受付

Ⓐ はいむるぶしビーチ ➡P.117

はいむるぶし

小浜島 MAP 付録P.11 F-2

ビーチからは水平線に浮かぶ黒島や新城島などの島々を望む絶景が広がり、マリンアクティビティが充実。のんびりとリゾートステイが満喫できる。

☎0980-85-3111(はいむるぶし) 所竹富町小浜2930 ◎小浜港から車で5分 P5台
遊泳期間 3/1〜11/30 休貸切日
遊泳時間 9:00〜17:00(季節により変動あり) 設備 トイレ、シャワー、更衣室、カフェ、ビーチパラソル、浮き輪

ACTIVITY
ロデオボート

バナナ形の巨大な浮き輪をマリンジェットで引っ張る。海面をバウンドしながら進む感覚が新鮮で楽しい。
料3歳以上1900円、12歳以上2300円(所要10分)

八重山諸島

Ⓓ ナーマ浜

ナーマはま

与那国島 MAP 付録P.16A-4

西崎灯台近くの与那国島でも一番西にある。プライベートビーチのような雰囲気が味わえる。

☎0980-87-2402(与那国町観光協会)
所与那国町与那国
◎与那国空港から車で10分 P20台
遊泳期間 通年 休無休
遊泳時間 入場自由 施設使用料 無料
設備 トイレ、屋根付休憩所

日本最西端で癒やしの時間を

Ⓕ ニシ浜 ➡P.120

ニシはま

波照間島 MAP 付録P.16A-1

「ニシ」とは沖縄の言葉で北を意味し、波照間島の北西に位置する。八重山諸島随一といわれる美しい海が堪能できる。

☎0980-82-5445(竹富町観光協会)
所竹富町波照間
◎波照間港から徒歩10分 P5台
遊泳期間 通年 休無休
施設使用料 無料
設備 トイレ、シャワー、更衣室、あずま屋
(ビーチ入口にレンタルショップあり)

波照間ブルーにうっとり

宮古諸島
みやこしょとう

東洋一と謳われる
与那覇前浜をはじめとした
良質なビーチの宝庫。

- 池間大橋
- 下地島
- 伊良部島
- 宮古島
- 伊良部大橋
- 来間島

A B C D E F G H

※現在アーチには保護網と柵が設置されており、立ち入りはできない

Ｆ 与那覇前浜
よなはまえはま P.132

宮古島 MAP 付録P.21 D-2

白い砂浜が7kmも続く長いビーチ。宮古島と来間島をつなぐ来間大橋を望む景観も美しい。

所 宮古島市下地与那覇
交 宮古港から車で20分 P 40台
遊泳期間 通年 休 無休
遊泳時間 入場自由 施設使用料 無料
設備 トイレ、シャワー（有料）、更衣室、売店

「東洋一の白い砂浜」と呼ばれる

Ｅ 中の島ビーチ
（カヤッファ）
なかのしまビーチ（カヤッファ）

下地島 MAP 付録P.18A-3

下地島にあり、宮古諸島有数のシュノーケリングスポット。天然のビーチで売店などがないので、必要な物は事前に準備しよう。

☎0980-73-2690（宮古島市観光商工課）
所 宮古島市伊良部佐和田
交 宮古空港から車で40分 P なし
遊泳期間 通年 休 なし
遊泳時間 入場自由
施設使用料 無料 設備 なし

裸足で歩くのが心地よい白浜

Ｄ 渡口の浜
とぐちのはま P.135

伊良部島 MAP 付録P.18A-3

中の島ビーチとも近い伊良部島のビーチ。白い砂浜の背後には防潮林が続き、散策が気持ちいい。

☎0980-73-2690（宮古島市観光商工課）
所 宮古島市伊良部字伊良部1391-1
交 宮古空港から車で30分 P 10台
遊泳期間 通年 休 無休
遊泳時間 入場自由
施設使用料 無料
設備 トイレ、シャワー（有料）、更衣室、売店

手つかずの海が広がる

Ｃ みやこサンセット
ビーチ 海浜Ⅱ（トゥリバー地区）
みやこサンセットビーチ かいひんツー（トゥリバーちく）

宮古島 MAP 付録P.20A-2

名前が示すとおり夕日と伊良部大橋との絶景が自慢。新しく作られた人工ビーチなので、トイレ、シャワー、更衣室が設置されている。

☎0980-72-4876（宮古島市港湾課）
所 宮古島市久貝550-6
交 宮古空港から車で10分 P 130台
遊泳期間 7～10月
休 期間中無休
遊泳時間 9:00～19:00（9～10月は～18:00）
施設使用料 無料
設備 トイレ、シャワー、更衣室

水平線に沈む夕日に心洗われる

南の島の快楽ホテル

贅沢な休日を過ごす
素敵空間へ

Resort Hotels

南風が心地よい極上リラックス

ラグジュアリーリゾート

八重山&宮古諸島の豊かな自然を肌で感じながら、
特別な島時間を楽しみたい。

伝統的な島の集落を踏襲した
風情あふれるリゾート

星のや竹富島

ほしのやたけとみじま

竹富島の文化や自然を受け継ぐという考えのもと、魔除けの石敢當を埋め込んだ石垣や、白砂の道に囲まれた琉球赤瓦の家屋が並ぶ。南風が吹き渡る客室は伝統的でありながら現代的にもアレンジ。庭に面したリビングでのんびりとくつろげる。

HOTEL DATA

☎050-3134-8091(星のや総合予約)　竹富島 **MAP** 付録P.10 C-2
所竹富町竹富
交竹富港から車で7分(無料送迎バスあり)　Pなし
in15:00　out12:00　室48室
予約1室1泊11万2000円〜(食事別、通常2泊〜)

FACILITY

プール 24時間の加温屋外プールは全長46m。プールサイドのラウンジソファはドリンクの持ち込みもでき、ゆっくり過ごせる

その他 ラウンジ、禁煙ルーム、メインダイニング、スパ、ショップ、フロントほか

BEACH & ACTIVITY

ビーチ コンドイ浜、アイヤル浜、カイジ浜の3つのビーチ。コンドイ浜以外は遊泳ができないが、美しい景色が楽しめる

アクティビティ シュノーケリング&ダイビング、ナイトクルーズ、カヌー、島文化体験ほか ※いずれも有料 ※季節により変動あり

1.客室の入口には目隠しや魔除けの役割を果たす石積みの壁、ヒンプンが築かれている　2.島の伝統工芸品である「ミンサー織り」の制作体験ができる　3.朝日を浴びながらゆったりストレッチ　4.客室の縁側はすべて南向きだ　5.スパでは月桃やハーブなどを使ったオリジナルメニューの施術が受けられる

沖縄の素材を利用した
伝統料理が楽しめる

朝食は、伝統的な御三味(ウサンミ)を小さくまとめた琉球朝食と、豆腐入りのやさしいおかゆを味わうゆし豆腐粥朝食の2種類から選べる和朝食が人気。

※宿泊料金は、「1泊2食付」「1泊朝食付」「素泊まり」については、特記のない場合、1室2名で宿泊したときの1名分の料金です

海も山も楽しめる
非日常のアクティブリゾート

星野リゾート
西表島ホテル

ほしのリゾート　いりおもてじまホテル

西表島の雄大な自然を満喫できるリゾートホテル。オリジナルツアーが数多く用意されており、経験豊富なスタッフが案内してくれる。アクティブに楽しんだあとは、波の音が聞こえるゲストルームでくつろぎたい。

HOTEL DATA

西表島 MAP 付録P.14 A-2

☎050-3134-8094(予約センター)
所竹富町上原2-2　交上原港から車で10分(無料送迎バスあり)　P20台
in15:00　out11:00　室139室　予料スーペリアツイン2泊朝食付2万8000円〜

ホテルグルメ PICK UP

朝・夕食ともにビュッフェスタイル

夕食では、あっさりした味わいのカマイと黒糖の甘みが絶妙な「カマイの黒糖すき焼き」やだしが決め手の「ガザミ汁」。朝食では、特製の黒糖パンを卵や牛乳を混ぜたアパレイユに一晩漬け込んで焼く、「黒糖フレンチトースト」がおすすめ。

1.ホテル前の月ヶ浜ビーチには美しい夕日が沈む　2.デラックスツイン。大きなデイベッドでくつろぎの時を過ごしたい　3.花々の色彩と移ろう日差しがスパイス。開放感のあるビュッフェレストラン　4.酸素放出量の多いマングローブの生える浅い川面でストレッチ　5.西表島のネイチャーパワーで癒やしてくれる「西表スパ」。プロダクトは月桃など沖縄の自然素材を使用

FACILITY

プール ブーゲンビレアとモクマオウの緑に囲まれた屋外プールは宿泊者専用

その他 レストラン、スパ(有料)、ショップ、フロント、アクティビティデスク、コインランドリーほか

BEACH & ACTIVITY

ビーチ ホテルの正面に広がる月ヶ浜はトゥドゥマリの浜とも呼ばれ、神のとどまる浜と伝わる

アクティビティ クルーズ、トレッキング、カヤック、シュノーケリング、SUP、ヤエヤマボタル観賞ツアーほか ※いずれも有料

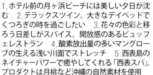

世界自然遺産の西表島に泊まる
秘境で過ごす癒やしの滞在

西表島ジャングルホテル
パイヌマヤ

いりおもてじまジャングルホテル パイヌマヤ

西表島の、人里離れたジャングルの奥地に
たたずむホテル。夜は満点の星を望むこと
ができるほか、フクロウなどの野生動物が
見られる。運が良ければ敷地内でイリオモ
テヤマネコを目撃することができることも。

ホテルグルメ PICK UP

**ホーラ川を眺めるレストランで
島の大自然の恵みをいただく**

地産地消を目指し、できるだけ八重山の食材を
使うレストラン「サミン」。島の恵みが楽しめ
る西表ビュッフェが好評(別料金・事前予約制)

HOTEL DATA

西表島 **MAP** 付録P.13 E-2

☎0980-85-5700

🏠竹富町高那243　🚌大原港から車で30分(送迎あり、
完全予約制)　🅿20台　in15:00　out11:00
🛏29室　💴スタンダード1泊朝食付9720円〜

FACILITY

プール 宿泊者は無料の屋外プール(4〜10月のみ)

その他 レストラン、ショップ、遊歩道、コインラン
ドリー、自然体験施設(ホテルから車で5分の「パイヌ
マヤ・アドベンチャー パーク」にはさまざまな自然体
験プログラムを用意)

ACTIVITY

カヌー、トレッキング、ナイトウォークなど、各種自然
体験ツアーを催行

1.宿泊者は無料で利用できる屋外プール(4
〜10月のみ営業)　2.シンプルな造りな
がら、快適さを追求したゲストルーム
3.亜熱帯の植物に囲まれたピロティ　4.カ
ヌーやトレッキングなど、アクティビティ
ツアーが豊富。ガイドが付いてくれるの
で安心だ　5.ミニ遊歩道を散歩したり、
屋上から星を眺めたり、川のせせらぎを
聞いたりと自然を身近に感じられる

ラグジュアリーリゾート

37

沖縄で最も美しいという小浜島で
非日常の楽園に滞在する

星野リゾート
リゾナーレ小浜島

ほしのリゾート　リゾナーレこはまじま

全60室がオールスイートのラグジュアリーな体験ができるホテル。日本最南西端のゴルフ場、2つのプール、独立したスパ棟やレストランなど、リゾート滞在を充実させる施設が用意されている。ビーチがホテルに隣接しており、さまざまなアクティビティが楽しめるのもうれしい。

HOTEL DATA

小浜島 **MAP** 付録P.11 F-2

☎050-3134-8093（予約センター）
⊕竹富町小浜2954　❷小浜港から車で10分（無料送迎バスあり）　Ｐあり　**in**15:00　**out**11:00
⊕60室　（予約）1泊朝食付2万1000円〜（税別、2名利用）

FACILITY

プール｜ビーチプール、ラグーンプールの2つのプールがある。宿泊者限定。
その他｜リゾナーレ小浜島スパ、ゴルフ場、レストラン、ショップ、コインランドリーほか

BEACH & ACTIVITY

ビーチ｜白い砂浜のプライベートビーチが広がる
アクティビティ｜シュノーケリング、SUP、カヌー、トレッキング、ヨガほか ※いずれも有料

ホテルグルメ PICK UP

プールに面した開放的なロケーション
「Ooli Ooli（オーリオーリ）」

沖縄で親しまれている食材を多彩な調理法で楽しめるビュッフェレストラン。プールに面しており、移り変わる景色も楽しめる。

1.自然あふれる島に瀟洒な建物が立ち並ぶ　2.邸宅のようなプライベート感がある客室は全室スイート　3.ラグーンエリアに佇む、優雅でラグジュアリーなラグーンプール　4.全室オーシャンビューの「リゾナーレ小浜島スパ」では、海の恵みを受けた自然素材の力を利用　5.「朝焼け海上ラウンジ」や「ティンガーラナイトディナー」など個性豊かな体験も魅力

ラグジュアリーリゾート

「南十字星」という名の
沖縄情緒あふれるリゾート

はいむるぶし

約40万㎡という広大な敷地の中に、琉球赤瓦
とサンゴ石を基調としたコテージタイプの建
物が点在。オーシャンビューはもちろん、南国
の花が咲き乱れるガーデンビューの美しい風
景も見ることができる。水牛が棲む池や動物
とふれあえる「ふれあい広場」があるのはこ
こならでは。

ホテルグルメ PICK UP

心も体も喜ぶ
体にやさしい発酵食

ぬちぐすい(沖縄の言葉で「命
の薬」)がコンセプト。発酵食
のコース料理がいただける(事
前予約制)。

1.沖縄らしい開放感にあふれた
リゾート　2.竹富島や黒島など
の島々を望む絶景が楽しめる海
カフェ　3.沖縄の自然の恵みを
利用した「ぬちぐすいスパ」　4.爽
やかな空気を感じるモーニング
ヨガなど、ヨガプログラムも充実
5.オーシャンビュースイート。海
を望むビューバスも　6.琉球・和・
洋スタイルの料理が味わえる、ぬ
ちぐすいブッフェ

HOTEL DATA

小浜島 **MAP** 付録P.11 F-2

☎0980-85-3111
🏠竹富町小浜2930　🚌小浜港から車で5分(無料送
迎バスあり)　🅿5台　🕒15:00　🕚11:00　🛏148
室　💰スタンダード1泊朝食付1万2070円〜、オー
シャンビュースイート1泊朝食付4万2840円〜

FACILITY

プール 宿泊者専用の屋外プール。プールサイドのデイベッドでのんびりしたい
その他 アクティビティカウンター、スパ、展望大浴場、ショップ、シャワールーム、海カフェほか

BEACH & ACTIVITY

ビーチ 眼前に広がる白砂と八重山ブルーの海では多彩なマリンアクティビティが用意されている
アクティビティ ヨガプログラム、シュノーケリング&ダイビング、SUP、マリンアクティビティ各
種、フィッシング、カヌー、グラウンドゴルフ、観光ツアーほか ※いずれも有料

琉球文化を感じるリゾート
美しい夕景も見逃せない

フサキビーチリゾート
ホテル&ヴィラズ

琉球赤瓦のコテージとシーサーが点在し、豊かな自然と天然ビーチに囲まれた広大な敷地のリゾート。石垣島最大級のプールエリアや露天風呂付き大浴場、多彩なレストランなど施設も充実。のんびり流れる島時間を満喫しよう。

HOTEL DATA

石垣島 **MAP** 付録P.3 E-4

☎0980-88-7000

🏠石垣市新川1625 ●離島ターミナルから車で15分（空港から無料送迎バスあり）●288台
IN15:00 **OUT**11:00 🛏398室
🈯ヴィラスタンダード1泊朝食付1万6550円～

FACILITY

[プール] スプラッシュパーク&ビーチサイドプール、インドアプール。宿泊者はパラソル・チェア・温水シャワーが無料で利用可能

[その他] レストラン、ビーチステーション、フロント、ロビー、ツアーデスク、プールサイドバー、露天風呂付き大浴場、スパ、ショップ、託児所、宴会場、コインランドリー

BEACH & ACTIVITY

[ビーチ] フサキビーチはマリンアクティビティも充実している天然ビーチ。宿泊者はパラソル・チェア・温水シャワーが無料で利用可能

[アクティビティ] アクティブ派からのんびり派まで楽しめるメニューを多数用意。お得に楽しめるパスポートもあるので、事前に調べて利用したい

ホテルグルメ PICK UP

大切な人と
非日常で特別なひとときを

琉球の文化をイノベーティブに表現した「HANARE（はなれ）」。メニューはシェフのおすすめフルコース1種のみ。ペアリングドリンクとともに楽しめる。

1.フサキエンジェルピアから見るサンセットは絶景　2.プールサイドでトロピカルカクテル片手にのんびり過ごすのもおすすめ　3.オーガニックプロダクトを使用したトリートメントが体験できる「フサキスパ」　4.テラスにプライベートプールとファイヤーピットを備えたフォレストスイートヴィラ　5.約1kmに渡る広大な敷地。目の前には天然のビーチが

石垣島 **MAP** 付録P.3 F-3
☎0980-88-7111
🏠石垣市真栄里354-1
🚗石垣港離島ターミナルから車で10分
🅿442台
🕒IN 15:00 🕚OUT 11:00 🛏458室
📋スーペリアオーシャンルーム 1泊朝食付(1室料金)3万5000円~

FACILITY

プール｜ウォータースライダー付アウトドアプール3種とインドアプールの計4つ

その他｜フロント、ラウンジ、レストラン、バー、スパ、ジム、リゾートセンター、ショップ、レジャーハウス、サウナ、テニスコート、ゴルフコース

BEACH & ACTIVITY

ビーチ｜眼前に広がるマエサトビーチではアクティビティも種類豊富。ビーチレンタル品は宿泊者が無料で利用できるものもある

アクティビティ｜SUP、シーカヤック、シーウォーク、マエサトオーシャンパークほか ※いずれも有料

ホテルグルメ PICK UP

石垣島ではここだけでしか味わえない!
至福の絶品ジェラート

世界的なジェラート職人である柴野泰造氏が監修したジェラートは、パレットテラスラウンジのオリジナルレシピ。石垣島の素材を使用し、口の中に贅沢な風味が広がる。

1.石垣島の自然の恵みで心も体も癒やしてくれる、スパアガローザ 2.ベイウィング2階にあるパレットテラスラウンジではユニークなフードやドリンクが揃うほか、地元のフルーツを使ったグラスデザートなども 3.全室オーシャンビューのベイウィングは2020年にオープンした新棟。シックな空間で落ち着いた雰囲気 4.広大な敷地内にはビーチはもちろんプールやゴルフコース、テニスコートなどもあり、さまざまな楽しみ方ができる

青い空と海に映える
白亜の瀟洒なホテル

ANAインターコンチネンタル石垣リゾート

エーエヌエーインターコンチネンタルいしがきリゾート
石垣島随一のラグジュアリーなリゾートホテル。一流ホテルならではのサービスと、南国らしいリゾート体験を楽しむことができる。2020年には新館3棟が開業し、客室数が約2倍になった。

1

原始の森が残る
西表島を満喫できるリゾート

ラ・ティーダ西表リゾート

ラ・ティーダいりおもてリゾート

東洋のガラパゴスともいわれる西表島の南端に位置する。南国の自然のなかに点在するコテージ、晴天時には波照間島やパナリ島などを望めるデラックスツインルームなど4つのスタイルの客室がある。満天の星が見られるのも西表島ならではだ。

HOTEL DATA

西表島 **MAP** 付録P.13 D-4

☎0980-85-5555

㊐竹富町南風見508-205 ㊋大原港から車で5分（無料送迎バスあり、要予約） ㊿15台

㏌14:00 out10:30 ⌚32室

予算メインコテージ1泊朝食付1万4000円～

FACILITY

フロント、ロビー、レストラン、ショップ

BEACH & ACTIVITY

[ビーチ] 西表島随一のロングビーチ・南風見出の浜はホテルから車で15分

[アクティビティ] カヌーツアー各種、SUP、ボートクルーズ、シュノーケリング、ダイビング、フィッシング、トレッキング、サトウキビ刈り体験、黒糖作り体験、ナイトツアー、ヤエヤマボタル観賞ツアー ※いずれも有料

2

3

4

5

1.どこまでも透き通った海と琉球赤瓦のコテージ 2.部屋の前まで車で乗り入れができるアネックス棟 3.時期によっては朝食時に朝日を眺められる 4.ロビーからの絶景も見逃せない 5.日本最南端で最西端の温泉・西表島温泉「カンパネルラの湯」ではサンセットの絶景を見ながら湯浴みが楽しめる（有料）

ホテルグルメ PICK UP

琉球食材とシェフの技が融合した
贅沢な琉球ディナー

地元でとれた食材を調理し、和風ディナーコースを提供する「お食事処 南風テラス」。ディナーは前日18時までの完全予約制。

1

シギラベイを見渡す
高台に建つ、贅沢な空間

シギラベイサイド
スイート アラマンダ

宮古島の南部、約140万坪もの敷地を有するシギラリゾート内にある、全室スイートのラグジュアリーホテル。174室のうちプライベートプール付きの客室が86室と日本屈指のスケールだ。リゾートウエディングに理想的な美しいチャペルも備えている。

2

1.プライベートプールのあるプールヴィララグーンスイート　2.落ち着いた雰囲気のロビー　3.開放的で爽やかなプールヴィラロイヤルスイートの浴室　4.アンチエイジングに定評のあるケアを部屋でも受けられる　5.デイベッドが心地よいプールヴィラロイヤルスイート　6.地下1250mから湧き上がる温泉水を利用したシギラ黄金温泉のジャングルプール　7.カヤックやシュノーケリングも楽しめるシギラビーチへは送迎バスで　8.宿泊者が利用できるシギラビーチサイドプール

44

HOTEL DATA

☎0570-550-385(予約センター) 宮古島 **MAP** 付録P.21 E-4
🏠宮古島市上野新里926-25
🚗宮古空港から車で20分(無料送迎あり)　Ｐ40台
🕒15:00　🕚11:00　🛏174室
📋スーペリアスイート1泊朝食付(1室料金)6万6000円～

FACILITY

プール 日の出から日没まで利用できる宿泊者専用のプールがある。キッズ用プールや屋外ジェットバスも

その他 フロント、ラウンジ(客室利用者のみ)、コンシェルジュデスク、レストラン、カフェ、バー、ショップ、温泉、エステ、スパ

BEACH & ACTIVITY

ビーチ シギラビーチでは、マリンアクティビティや、ドリンクを片手にテント式のカバナでくつろぐなど、気分に合わせて過ごしたい

アクティビティ シュノーケル、カヤック、ダイビング、セグウェイ、SUP、水中観光船、レンタサイクル ※いずれも有料

3

4

5

6

7

8

ラグジュアリーリゾート

ホテルグルメ PICK UP

**1日1組限定の
板長おまかせコースもある**

沖縄・宮古島特有の食材を生かし、会席料理をベースにした和琉創作料理と、素材の味を存分に引き出し手さばきも見事に鉄板焼を提供する「マラルンガ」。朝食には種類豊富な和洋ブッフェが楽しめる。

45

1

1日7組限定
海辺の食べる隠れ家

Seven Colors 石垣島

セブンカラーズいしがきじま

オーシャンビューの客室にはセンスのよい調度品、高品質のアメニティグッズが備わり、快適な滞在が期待できる。部屋から水着で飛び出せるほど海はすぐ目の前。シュノーケル、カヌーなどのアクティビティも楽しめる。食事はシェフが腕をふるう創作料理で石垣の旬が詰まっている。

HOTEL DATA

石垣島 **MAP** 付録P.2 A-1
☎0980-84-5107
⊞石垣市平久保226-523 ✕南ぬ島石垣空港から車で30分 ℗30台 ⊞15:00 ☒10:00
⊠7室 ⊞1泊朝食付2万1000円～

FACILITY

プール	なし

その他	フロント、レストラン、海カフェ

BEACH & ACTIVITY

ビーチ	目の前が海というロケーション。ホテルの近くにはプライベートビーチのような隠れ家ビーチが5つも点在

アクティビティ	シュノーケル、ダイビング、パラグライダー、SUP、カヌー

2

3

4

5

1.明るい日差しがまぶしい展望デッキ。夕日や星空の時間帯も見逃せない 2.2階のツインルームからは室内のどこにいても絶景が楽しめる 3.全室に海が見渡せるジャクジーが設置されている 4.全7室のこぢんまりとしたリゾート 5.SUPをはじめ、さまざまなアクティビティが用意されている。

ホテルグルメ PICK UP

石垣の絶景とともに味わう
地産地消の創作料理

獲れたての新鮮な魚介類、丹精込めて育てた島野菜など、旬の素材を最大限に生かした創作料理を提供する。

ヴィラから出ないという贅沢
プライベートな空間を楽しむ
ヴィラブリゾート

宮古島から伊良部大橋を渡って車で5分。伊良部島に位置する沖縄初のオールヴィラリゾートホテル。沖縄民家風の独立したヴィラはわずか6棟。静かな空間でゆったりとくつろげる。プールやベッド付きのガゼボなどがある広々としたテラスからはまっすぐ延びる水平線が見渡せる。

1.ヴィラが整然と並ぶ隠れ家のようなリゾート　2.落ち着いた色合いの室内。ロクシタンのアメニティもうれしい　3.イタリアンやフレンチ、創作琉球料理など地元食材を生かした料理が楽しめる

HOTEL DATA

伊良部島 **MAP** 付録P.18A-3
☎0980-78-6777
⑪宮古島市伊良部字伊良部817　⊗宮古空港から車で20分(伊良部島内無料送迎バスあり)
Ⓟ6台　ⓘ14:00　ⓞ11:00　⬚6室　予約
ヴィラツイン1泊朝食付4万2350円～

FACILITY

[プール] プライベート感あふれるプールサイドのベンチで海を眺めながらゆっくりしたい

[その他] フロント、エステ、レストラン、テラスバーベキュー

BEACH & ACTIVITY

[ビーチ] プライベートビーチでゆっくり過ごすほか、中の島ビーチでのシュノーケルもおすすめ

[アクティビティ] シュノーケル、ダイビング、レンタサイクルほか ※いずれも有料

海が目の前！アクティブな
ファミリーに大人気
ホテルブリーズ
ベイマリーナ

宮古島の南岸に建つ、家族連れにやさしいリゾート。11階建てで全室オーシャンビューのタワーウイングと本館がある。ブッフェが楽しめるレストランやステーキレストランのほか、船のデッキをかたどったラウンジバーも人気。

HOTEL DATA

宮古島 **MAP** 付録P.21 D-4
☎0570-550-385(予約センター)
⑪宮古島市上野宮国784-1　⊗宮古空港から車で15分(無料送迎バスあり)　Ⓟあり
ⓘ15:00　ⓞ11:00　⬚304室
予約1泊朝食付1万8700円～

FACILITY

[プール] 中庭のプールは大人用と子供用があり、家族連れにも利用しやすい

[その他] フロント、ロビー、レストラン、エステ、ショップ、コインランドリー、キッズルーム、宴会場ほか

BEACH & ACTIVITY

[ビーチ] 近隣のシギラビーチでは各種アクティビティが楽しめる

[アクティビティ] マリンレジャー、フィールドレジャーのほか、半潜水式水中観光船での海中散歩など、宿泊者割引の利用できるプランもある

1.タワー館、スタンダードツインの客室。7～11階は爽やかな白を基調としたインテリア　2.ホテルの向かいにある南風(ぱいかじ)屋台村では沖縄料理を気軽に味わえる　3.タワー館高層階のバルコニーからは絶景が望める　4.ビーチへは歩いてすぐ。ロケーション抜群の海辺散策もおすすめ

自然に囲まれた空間で癒しのひととき
プライベートヴィラ&プチホテル

波の音に耳を傾け、海を眺めて過ごす、大人だけの極上の時。

①

プライベート感あふれる
ラグジュアリーなヴィラ

JUSANDI
ユサンディ

石垣島 **MAP** 付録P.3 D-3

6000坪という広大な敷地に5棟のヴィラが建つ、オールスイートヴィラ。壁一面が窓という開放感あふれるヴィラはスタイリッシュな造り。プライベートプールやデイベッド付きのガゼボでのんびりくつろげる。敷地内にはヒーリングスポットでもある青の洞窟があり、シーカヤックでの探索も可能。手つかずの自然も多く残り、喧騒を離れ非日常の体験ができる。

☎0980-88-2833

㋐石垣市桴海470 ㋔離島ターミナルから車で30分(有料送迎タクシーあり、要予約) ㋟5台 in15:00 out12:00 客5棟 予約1ベッドルームヴィラ1泊朝食付11万円～

1.離れのテラスからは美しい夕日も見られる
2.ハリウッドツインのベッドが置かれた1ベッドルームヴィラ 3.サンゴの海をイメージした、青を基調としたプライベートプール
4.ダイニングでは島の新鮮な食材を使ったイタリアンを提供 5.広々としたプールサイドで夜空を眺めるのもいい

1

自由なスケジュールで
思いのままの旅を

グランピングリゾート
ヨーカブシ

爽やかな空を見上げながらBBQを味わったり、ハンモックに揺られて星空を眺めたり

石垣島 **MAP** 付録P.2 C-1

手つかずの豊かな自然がそのまま残る石垣島北部に位置する、炎をテーマにした複合リゾート。本格バーベキューが準備なしで楽しめるBBQレストラン「ホノソラ」で、地元の素材を存分に味わいたい。

☎0980-89-2345
🏠石垣市伊原間2-737 🚗離島ターミナルから車で40分 🅿あり ⏰15:00 out11:00 🛏8室（ヴィラ6棟、コンドミニアム1室、ダブル1室） 👶素泊まり1泊8000〜2万9000円

1.南国感あふれるリゾート。プールも完備している 2.資材やグッズを直接バリ島から取り寄せたこだわりのインテリアが素敵な客室 3.屋外にあるグラマラスBBQレストラン「ホノソラ」でグランピングが楽しめる

ヴィラからジャングルの小道を抜けるとプライベートビーチや青の洞窟にたどり着ける

2

2

4

3

海まで徒歩3分という好立地
暮らすように滞在したい

Villa 芭蕉
ヴィラ ばしょう

西表島 **MAP** 付録P.14A-1

西表島の赤瓦が印象的なコテージタイプのペンションで、青い海を見晴らす庭にはハイビスカスやブーゲンビリアが咲き誇る。客室にはミニキッチンや洗濯機を備え、長期滞在にもぴったり。温水シャワーの設備もあるので海でついた砂を落とすのも楽々。

☎0980-84-8478
所竹富町上原10-320
交上原港から車で10分(無料送迎あり、要予約) P5台 in15:00〜18:00 out10:30
客2棟(全室禁煙) 予料月桃1泊朝食付1万1500円〜、亜檀1泊朝食付1万500円〜(宿泊は2泊〜、季節料金あり)

1.敷地内には野菜やハーブを育てている畑もある 2.展望デッキからは青い海や夕日、星空の眺めが楽しめる 3.朝食は和洋日替わりで客室にデリバリー 4.5.コテージはリビングとベッドルームのあるスイートタイプ 6.サンゴ礁に囲まれた白い砂浜があるビーチに好アクセス

展望デッキでは海に沈む夕日や、満天の星を眺めながらのバーベキューも楽しめる

西表島でここだけ! 風水に基づく沖縄伝統建築の宿

琉夏
るか

西表島 **MAP** 付録P.14A-1

沖縄特有の手積みの石塀や赤瓦、敷地の方角などにこだわった風情ある宿。各客室には専用の庭と縁側があり、天気の良い日には満天の星が堪能できる。化学調味料やトランスファット不使用の日替わり朝食も好評。

☎0980-85-6645
所竹富町上原10-357
交上原港から車で10分
P4台
in15:00 out11:00
客4室(全室禁煙)
予料1泊朝食付2万2000円〜

1.檜や杉を多用したシンプルな造りのゲストルーム 2.朝食は和食と洋食が交互に提供され、連泊してもメニューが重ならないよう配慮されている。パンは自家製 3.季節の花が一年中咲き、菜園では野菜やハーブが収穫できる。風向きと太陽の角度を考えて建てられた建物は、夏は涼しく冬は明るく暖かい

天然記念物のカンムリワシやアオバトを見かけるという庭 大自然との調和が美しい

特集●贅沢な休日を過ごす素敵空間へ

大自然のパノラマに癒やされる
シンプルながら快適なホテル
マヤグスクリゾート

西表島 **MAP** 付録P.14A-1
西表島の北部、月ヶ浜を見下ろす高台に建つ小さなホテル。コンドミニアムタイプの部屋はどちらもオーシャンガーデンビューになっており、テラスラナイでネイチャーウォッチングを楽しめる。

☎0980-85-6065
🏠竹富町上原10-544
🚗上原港から車で10分(無料送迎あり、要予約) 🅿4台
🕐in14:00 out10:00
🛏2室
💰1泊朝食付1万1800円

1.シーサーが出迎えてくれるエントランスを抜けると、南国のパノラマビューが待っている 2.夜には数えきれないほどの星が瞬く。月光浴をしながら流れ星を探すのも一興 3.ワインセラーもあるメインダイニング。料理はオーナー自らが腕をふるう 4.朝食は部屋へ運んでくれるサービスもあり。やさしい風が吹き抜けるテラスでいただく至福の時間

ラナイに置かれたチェアに座って空の色の変化を楽しみたい。夕日に染まる山肌は特に美しい

西表島の景色と魚料理、
アットホームな応対が魅力
villa西表

ヴィラいりおもて

西表島 **MAP** 付録P.14C-2
上原港から徒歩5分という好立地。オーシャンビューやハーバービューなどさまざまなタイプの部屋はすべて独立エントランス。離島西表島では数少ないWi-Fi完備の宿。

☎0980-85-6653
🏠竹富町上原661 🚗上原港から徒歩5分(無料送迎あり、要予約、時間帯により送迎不可の場合あり) 🅿20台
🕐in15:00 out10:00 🛏32室
💰要問合せ

1.パティオにも椅子やテーブルが置かれている。開放的な雰囲気で話も弾む 2.充実の品揃えの泡盛。ルームサービスもある 3.ロフト付きの部屋もあるので、家族連れやグループの旅行にもぴったりだ 4.新鮮な魚料理をいただけるのも人気の理由のひとつ。ゲスト自身が釣った魚も調理してくれる

クルーザーで釣りに連れていってくれる。親切に教えてくれるので初心者でも安心だ

静かな隠れ宿で
自分の時間を大切に過ごす

竹富島 茜屋
たけとみじま あかねや

竹富島 **MAP** 付録P.10 B-3

竹富島の町並み保存地区内にある赤瓦の庭付きの宿。庭付きの部屋は和室と洋室の2部屋。「必要以上のもてなしをしない」というもてなしを心がけているので、自由に自分の時間を過ごしたい人にぴったりだ。

☎0980-85-2002
所 竹富町竹富322
交 竹富港から車で5分(無料送迎あり)
P 2台
in 15:00 out 10:00
客 2室(室内禁煙、喫煙スペースあり)
予算 素泊まり 4万9800円〜(朝食予約受付あり)

1.洋室のスイートルーム。オーナーこだわりのインテリアで飾られた室内はモダンな印象 2.風が吹き渡る縁側でティータイム 3.琉球畳が敷かれた和室 4.夜になればフクロウやヤモリなどの鳴き声も聞こえる 5.割タイルを手作業で組んだという、ゆったりとしたお風呂。アロマオイルの香りに癒やされる

客室内にはティーコーナーがあり、コーヒーや紅茶、月桃茶などを自由にいただける

親戚の家に遊びに来たような
親しみやすい宿

やど家 たけのこ
やどや たけのこ

竹富島 **MAP** 付録P.10A-3

竹富島の景勝地・西桟橋にいちばん近い宿で、観光の拠点としても最適な立地。開放感のある和室は島のスローライフを体感するのに最適だ。お手製の沖縄料理がいただける食堂も落ち着いた、風情ある雰囲気。

☎0980-85-2009
所 竹富町竹富206-1
交 竹富港から車で5分(無料送迎あり、要予約) P 3台
in 15:00 out 10:00 客 6室(全室禁煙)
予算 1泊2食付1万5730円〜

1.広い庭にはハンモックがあり、のんびりくつろげる 2.夕食は手作りの沖縄料理。県産牛や竹富島産の車エビ、島野菜の天ぷらなどがいただける 3.沖縄の伝統的な赤瓦屋根が目印。西桟橋で夕日を眺めたり、なごみの塔から島全体を見渡したり、自転車で星砂の浜へ行ってみたりするのもいい

宿泊者限定で、竹富島の手作りMAPを配っている。地図を片手に島を散策してみたい

貸別荘スタイルのコテージで
自然に親しむリゾート滞在

オーシャンズリゾート宮古島

オーシャンズリゾート みやこじま

宮古島 **MAP** 付録P.19 F-4

大自然のなかに建つ全棟コテージタイプのリゾートで、プール、ジャクジー、専用駐車場が付く。セルフ方式なので、チェックインしてから帰るまでホテルのようなサービスこそないが、プライベートな時間が過ごせる。

☎0980-77-8012
🏠宮古島市城辺保良940-1
🚌宮古空港から車で30分
🅿各棟に専用駐車場あり
🕒15:00 out 11:00 🏠47棟
予算1棟9860円～

2連泊以上するとECOプランが採用されて宿泊料金は割引になるシステム。長期滞在者におすすめだ

1.少し足をのばせば風光明媚な東平安名崎、シュノーケルが楽しめる吉野海岸がある自然豊かな立地　2.落ち着いた色調のベッドルーム。希望すれば有料でベッドメイクを頼むこともできる　3.テラスにはプライベートプール。夜になるとテラスから満天の星が眺められる　4.ゆったりしたソファが配されたリビングルーム。別荘感覚で滞在できる

日常の喧騒を忘れて
自然のなかで楽園の夢を見る

グランヴィリオリゾート 石垣島

グランヴィリオリゾート いしがきじま

石垣島 **MAP** 付録P.3 E-4

オーシャンズウィングと新館ヴィラガーデンからなる、大型リゾート。コテージタイプの客室では、よりプライベート感のある滞在が満喫できる。3つのプールのほか、スパや大浴場、ショップなど、施設も充実している。

☎0980-88-0030
🏠石垣市新川舟蔵2481-1　🚌離島ターミナルから車で10分／南ぬ島石垣空港から車で40分(無料送迎バスあり)　🅿200台
🕒15:00 out 11:00 🏠300室
予算1泊朝食付1万3500円～

オーシャンビューやガーデンビューの客室のほか、プライベートプール付きのコテージタイプもある

1.2カ所の屋外プールのほか、屋内プールもある　2.プレジデンシャルコテージの室内は広々としたゆったりサイズ　3.琉球瓦の沖縄らしい建物が光に照らされる幻想的な夜の風景　4.日常を離れてのんびり過ごすのにうってつけの環境だ

プライベートヴィラ&プチホテル

室内のソファからも、テラスのチェアからも、ゆったりと目の前に広がる海を堪能できる

圧倒的な絶景と冬も楽しめる温水プール

紺碧 ザ・ヴィラ オールスイート

こんぺき ザ・ヴィラオールスイート
伊良部島 **MAP** 付録P.18 B-3

伊良部大橋そばの広大な敷地に建つプライベートヴィラ。広々とした部屋は国内とは思えないほどのラグジュアリーな雰囲気。ガゼボやプライベートプールでは、海を見ながら至福の時を過ごすことができる。

☎0980-78-6000
所宮古島市伊良部池間添1195-1
交宮古空港から車で20分(無料送迎あり、要予約) Pあり(1室につき1台)
in14:00 out11:00 室8室
予約ヴィラスイートツイン1泊朝食付2万9000円〜

1.全室オーシャンビュー。室内でくつろぎながらも、伊良部島の大自然を身近に感じられる 2.要望の多かったプールの温水化を実現 3.レストランからの眺望も、最高のごちそう 4.プライベートプールからも海が見える。夜には満天の星が頭上に輝く

渡口の浜を望むインフィニティプールが贅沢

ディーズグロウ リゾート インフィニティプール ヴィラ 渡口の浜

ディーズグロウ リゾート
インフィニティプールヴィラ とぐちのはま
伊良部島 **MAP** 付録P.18 A-3

全3室すべてがスイート仕様、プライベートプールを備えるヴィラ。眼の前に渡口の浜が広がる絶好の立地で、風景が島時間を演出してくれる。82㎡の客室は6名まで宿泊でき、キッチンや屋外ソファーなどもある。

☎0980-74-5573
所宮古島市伊良部字伊良部1213-1
交宮古空港から車で35分
P3台
in15:00 out11:00 室3室
予約 要問合せ

1.ベッドからも海が見える贅沢な造り 2.非日常の空間が贅沢なひとときを演出してくれる 3.全室温水インフィニティプール付き 4.プールサイドでサンセットを眺めながらディナーを楽しむのもいい

海と一体になったかのようにも錯覚させるインフィニティプールから望む渡口の浜は絶景

石垣・
竹富・西表島

個性あふれる
島々に
ゆったり流れる
太陽の時間

❖

石垣島を中心に、
赤瓦屋根の集落が残る竹富島、
森林に覆われる西表島など
個性豊かな島々が点在する
八重山諸島の魅力を満喫したい。

八重山諸島はこんなところです

八重山諸島の各離島へ行くには、主に石垣島の石垣港離島ターミナルから高速船を利用することになる。各島の特徴、距離感、所要時間を把握して事前に計画を立てよう。

八重山諸島（やえやましょとう）とは、沖縄本島から南西約450kmに位置する日本最南西端の有人島のことをいう。島々が重なるように並んでいることから名付けられた。

起点は石垣島で、高速船または、一部飛行機で島間を移動する。日帰りできる島、便数によっては日帰りができない島があるため、各島への交通は事前に調べておきたい。

個人手配で日帰りの島めぐりができるのは、竹富島、小浜島、黒島のいずれか2島ほど。旅行会社が観光ポイントを押さえ、効率よく2〜4島をまわれるツアーを企画しているので、ゆっくり時間がとれない場合は検討をしてみるのもよいだろう。

石垣島へのアクセスはP.157参照。

縦書き見出し：**石垣・竹富・西表島**

昔ながらの原風景が残る

竹富島 ➡P.96
たけとみじま

赤瓦屋根、真っ白なサンゴ砂の道に色鮮やかなピンク色のブーゲンビリアが咲き誇る。のどかな街並みを水牛車が歩く。

| 観光のポイント | コンドイ浜、西桟橋、なごみの塔、水牛車観光 |

八重山諸島の玄関口

石垣島 ➡P.58
いしがきじま

市街地は八重山で最も栄える繁華街。郊外は豊かな自然が広がる。離島へのアクセスの起点。

| 観光のポイント | 川平湾、石垣島天文台、ユーグレナモール |

熱帯雨林が広がる秘境

西表島 ➡P.104
いりおもてじま

島の90％が亜熱帯の原生林で覆われ、希少な生物が生息する。自然に親しむツアーが多数催行。

| 観光のポイント | ピナイサーラの滝、亜熱帯植物楽園由布島 |

手つかずの自然が広がる

鳩間島 ➡P.113
はとまじま

サンゴ礁に囲まれ、1時間ほどで歩いてまわれる小さな島。観光地化されていないため穏やかな雰囲気に包まれている。

| 観光のポイント | 鳩間中森、島仲浜、立原浜、鳩間島音楽祭 |

美しいリゾートアイランド

小浜島 ➡P.116
こはまじま

八重山諸島のほぼ中央に位置し、透明度の高い海やサトウキビ畑が広がる。島の東側には洗練されたホテルが建つ。

| 観光のポイント | 大岳、シュガーロード、石長田海岸マングローブ群落 |

のんびりとした時が流れる島

黒島 ➡P.118
くろしま

牛の数が島民数を上回り、牧歌的な風景が見られる。ハート形の島の形から別名「ハートアイランド」と呼ばれるほのぼのとした島。

| 観光のポイント | 仲本海岸、黒島研究所、黒島牛まつり |

日本最南端の有人島

波照間島 ➡P.120
はてるまじま

「波照間ブルー」と称される海に囲まれた素朴な島。八重山諸島で最も美しいといわれるニシ浜や、日本最南端の星空は見応え十分。

| 観光のポイント | 竹富町波照間島星空観測タワー、日本最南端の碑 |

魅力あふれる最西端の孤島

与那国島 ➡P.122
よなぐにじま

断崖絶壁が続く起伏の激しい地形が特徴。ダイナミックな景観が感動を呼ぶ絶海の孤島だ。晴れた日には台湾が見えることも。

| 観光のポイント | 海底遺跡、西崎、ティンダバナ、東崎 |

石垣島 → 与那国島

飛行機 **1日3便／所要30分**
南ぬ島石垣空港〜与那国空港
RAC　1万3530円

フェリー **週2便／所要4時間**
石垣港離島ターミナル〜久部良港
福山海運　3610円

石垣島 → 小浜島

船 **1日9便**
所要25〜30分
石垣港離島ターミナル〜小浜港
八重山観光フェリー・安栄観光
1400円

西表島 → 小浜島

船 **1日1便**
所要35〜40分
大原港〜小浜港
安栄観光　1850円

石垣島 → 鳩間島

船 **1日4便**
所要40〜45分
石垣港離島ターミナル〜鳩間港
八重山観光フェリー・安栄観光
2690円

石垣島 → 西表島（上原港）

船 **1日9便／所要45〜50分**
石垣港離島ターミナル〜上原港
八重山観光フェリー・安栄観光
2690円

西表島 → 鳩間島

船 **1日3便**
所要10〜15分
鳩間港〜上原港
八重山観光フェリー・安栄観光
1010円

石垣島 → 西表島（大原港）

船 **1日11便／所要40〜45分**
石垣港離島ターミナル〜大原港
八重山観光フェリー・安栄観光
2060円

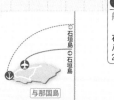

小浜島 → 竹富島

船 **1日2便**
所要25〜30分
小浜島〜竹富島
安栄観光　1350円

石垣島 → 黒島

船 **1日6便／**
所要25〜30分
石垣港離島ターミナル〜黒島港
八重山観光フェリー・安栄観光
1510円

石垣島 → 竹富島

船 **1日18便**
所要10〜15分
石垣港離島ターミナル〜竹富港
八重山観光フェリー・安栄観光
790円

石垣島 → 波照間島

船 **1日3便**
所要60分〜1時間20分
石垣港離島ターミナル〜
波照間港
安栄観光　4070円

西表島 → 波照間島

船 **不定期**
所要35〜45分
大原港〜波照間港
安栄観光　2030円

西表島 → 竹富島

船 **1日2便**
所要50分〜1時間10分
大原港〜竹富港
安栄観光1900円

お役立ちinformation

島めぐりのポイント

●台風時の交通機関はどうなる？
台風が接近するとすべての交通機関は空路、航路ともに欠航する可能性が高い。台風後もうねりを伴なった高波となるので渡航先の島で数日間足止めになることも。

●乗船券の購入方法
個人で高速船に乗る場合は事前予約不要。各船会社の窓口で目的地の島と乗船する便を申し出て購入する。その際、往復券を購入したほうがお得。復路の乗船券には有効期限がない。帰りは乗船手続きもなく希望の時間に乗船すれば、石垣島に到着する。

島間のアクセス

交通の起点となる石垣島からは各島へ船が出ているほか、各島間で船が運航している場合も。与那国島へのフェリーは欠航することも多いため、飛行機を利用しよう。

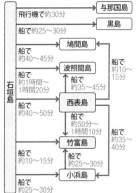

問い合わせ先

交通
RAC（琉球エアーコミューター）
☎0570-025-071
福山海運 石垣営業所
☎0980-82-4962
八重山観光フェリー
☎0980-82-5010
安栄観光　☎0980-83-0055

八重山諸島はこんなところです

サンゴ礁に囲まれた八重山諸島の中心地

石垣島
いしがきじま

沖縄本島から約430km南西にある石垣島は八重山諸島の主島。
石垣港周辺には多くの商業施設が集まるが、
一歩街を離れると豊かな亜熱帯の自然が広がる。

八重山最大の繁華街
中心部・宮良
ちゅうしんぶ・みやら

島で最も賑やかな市街地。石垣港離島ターミナルは各離島への出発地であり、活気のある昔ながらのユーグレナモールではショッピングが楽しめ、郷土料理を供する食事処も充実している。

観光のポイント
ユーグレナモール、
マエサトビーチ

◆買い物も楽しめるうえ、きれいなビーチが近場にあるのもうれしい

島を代表するビュースポット
川平・米原周辺
かびら・よねはら

八重山屈指の海の透明度を誇る景勝地・川平湾をはじめ、亜熱帯の自然が豊かなエリア。海岸線が美しく、眺めのいいカフェも多く、ドライブの途中で立ち寄るとよい。

観光のポイント
川平湾、底地海水浴場、
米原ヤエヤマヤシ群落

◆青い海や亜熱帯植物を眺めながらゆったり散歩するのもよい

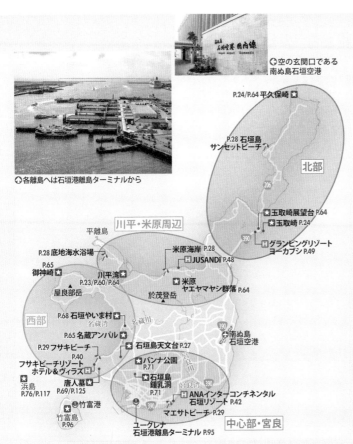

�**空の玄関口である**
南ぬ島石垣空港

P.24/P.64 平久保崎 ★

P.28 石垣島
サンセットビーチ

北部

206

★玉取崎展望台 P.64
★玉取崎 P.24

�**各離島へは石垣港離島ターミナルから**

390

川平・米原周辺

平離島

P.28 底地海水浴場
P.65
御神崎 ★

川平湾 ★
P.23/P.60/P.64

★グランピングリゾート
ヨーカブシ P.49

米原海岸 P.28
★JUSANDI P.48

★米原
ヤエヤマヤシ群落 P.64

於茂登岳

屋良部岳

西部

P.68 石垣やいま村 ★

390
●南ぬ島
石垣空港

P.65 名蔵アンパル ★

P.29 フサキビーチ
P.40
フサキビーチリゾート
ホテル＆ヴィラズ H

★石垣島天文台 P.27

★バンナ公園 P.71

浜島
P.76/P.117

★唐人墓 P.69/P.125

★石垣島
鍾乳洞
P.71

竹富港

竹富島
P.96

●ANAインターコンチネンタル
石垣リゾート P.42

マエサトビーチ P.29

ユーグレナ
石垣港離島ターミナル P.95

中心部・宮良

海と山の豊かな風景
西部
せいぶ

石垣島一の静かな海・名蔵湾が広がり、内陸には亜熱帯植物が茂る山が点在しており、気軽にトレッキングが楽しめる。頂上からの眺めは爽快で、夕景スポットとしても人気だ。

観光のポイント
御神崎、名蔵アンパル、
唐人墓、フサキビーチ

◎名蔵アンパルやフサキビーチなどでは
美しいサンセットが望める

牧草地と海の色が美しい
北部
ほくぶ

最北端の平久保崎や国道390号沿いの玉取崎展望台から望む東シナ海の景色は息をのむほどの美しさだ。南北に延びた半島には青々とした牧場が続き、のどかな風景が広がっている。

観光のポイント
玉取崎展望台、平久保崎、
石垣島サンセットビーチ

◎ドライブにぴったりの北部。草原と海の
自然のコントラストが絶妙

表情豊かな"カビラブルー"に感動

エメラルドの海へ

八重山諸島でも屈指の美しさと讃えられる川平湾。
緑の島が点在し、透明度の高い海は光や潮によって色を変え、奇跡のような光景が展開する。

⤴西表石垣国立公園に属し、日本百景のひとつにも
数えられる。石垣島の旅で見逃せないスポットだ

海、砂浜、緑の小島が織りなす絶景

川平湾
かびらわん

海の色が変わる神秘的な湾で
サンゴや熱帯魚、大自然と遊ぶ

　島の北西部にある穏やかな湾。白砂
の浜とエメラルドグリーンの海、湾内
に点在する緑豊かな島々が調和し、天
上の楽園を思わせる。特に息をのむの
は海面の美しさ。太陽光や潮の満ち引
きによって七色に変化し、その独特の
青は「カビラブルー」と呼ばれる。250
種以上のサンゴや熱帯魚の宝庫でもあ
り、水質の良さから黒蝶真珠の養殖も
盛んだ。小高い丘に展望台があり、湾
の絶景が一望できる。

⤴白砂の美しいビーチが続
くが遊泳は禁止されている

川平 **MAP** 付録P.4 C-2 ➡**P.23/64**

☎0980-82-1535(石垣市観光文化課) 🏠石垣市川平
🚌離島ターミナルから車で30分 🅿100台

←↑ 無人島付近ではカヤックやシュノーケリングなどのアクティビティも楽しめ、美しい海を満喫できる

↑ パーキング近くの展望台からは湾の全景が眺められる
↓ 浜には船底がガラス張りになったグラスボートが停泊。湾内を周遊できる（左）。海を眺めながら、ゆったりした島時間を満喫したい（右）

交通 information

島内の交通

●レンタカー
石垣島内の周遊には車での移動が便利。国道や県道が島内の観光スポットを結んでいるので、行き来がしやすい。市街地から離れるとガソリンスタンドがほとんどないので、給油のタイミングは計画的に。
➡ P.59

●レンタバイク／レンタサイクル
身軽な旅行者には、レンタカーよりも安価に島内観光ができるレンタバイクの利用もおすすめ。市街地間のコンパクトな移動などは、小回りのきく自転車でもOK。
石垣レンタルバイク
☎090-9657-5450
レンタルサイクル＆バイク 南国屋
☎0980-83-3362

●路線バス
主要観光地や市街地を結ぶ路線バスは安価に利用できて便利だが、便数が限られているので時刻表の確認を。全線が乗り降り自由になるフリーチケット「1日フリーパス」（1日有効）や「みちくさフリーパス」（5日間有効）なども活用しよう。
東運輸
☎0980-87-5423（バスターミナル）

●タクシー
現地の情報も聞きやすく、時間を気にせずに利用できるなど旅のリクエストがしやすいのが魅力。なかには主要観光地をピックアップして周遊するプランを用意するタクシー会社もあるので、目的に合わせて利用したい。
共同無線
☎0980-83-3355
沖縄ハイヤー・タクシー協会八重山支部
☎0980-82-4649
川良山交通
☎0980-88-1777

観光バスを利用する

●定期観光バス
ガイド付きの観光バスが毎日運行。島内の観光地を効率よくまわれる「石垣島半周観光コース」（9:30発〜14:00着）があり、川平湾のグラスボートが割引料金で利用できるオプションも用意されている。
東運輸
☎0980-87-5423（バスターミナル）

↑ 出発はバスターミナルから

エメラルドの海へ

澄んだ海中で出会う色鮮やかなサンゴや熱帯魚の群れは、まさに別世界。一生心に残る感動体験になる

➡カヤックで松林や亜熱帯植物が茂る無人島のビーチを目指す

川平湾のアクティビティ

神秘の海を遊び尽くす

川平湾の海中の美しさは世界屈指といわれる。
マリンアクティビティで未知の海底世界を探検する。

カヤック&シュノーケリング

カヤックとシュノーケリングの両方を楽しめるツアー。カヤックでエメラルドグリーンの海に漕ぎ出し、湾に点在する無人島に上陸。透明度抜群のサンゴ礁エリアでシュノーケリングにチャレンジ。キュートな姿の熱帯魚に出会える。

料8000円　催行通年　所要3時間　予約前日20時までに電話で要予約、Web(https://www.sea-smile.com)予約の場合は3日前までに
参加条件3〜65歳、妊婦相談　●ツアーに含まれるもの　シュノーケリング器材一式、保険

Sea Smile
シースマイル

川平 MAP 付録P.5 E-3
☎0980-88-5004
所石垣市川平1218-151　営8:00〜20:00
休不定休　交離島ターミナルから車で30分
P6台

水深の浅いエリアで美しいスポットを厳選。間近に見るサンゴ礁は圧巻

SUPクルージング

SUP(サップ)は「スタンドアップパドル」、立ったままボードを漕ぐマリンスポーツ。座って漕ぐのと比べて視線が高いため、澄んだ海底を見渡せる。途中で無人島に上陸しながら、湾の魅力スポットを約3kmのクルージングで巡る。

料8000円　催行通年　所要3時間(満潮前後)
予約前日20時までに電話／Web(http://www.apnea.jp/)で要予約　参加条件8〜65歳くらい、妊婦不可　●ツアーに含まれるもの　器材一式、飲み物、保険

アブネア・アドベンチャー 石垣島
アブネア・アドベンチャー いしがきじま

川平 MAP 付録P.5 F-3
☎0980-88-2727
所石垣市川平1216-354　営8:00〜20:00
休不定休　交離島ターミナルから車で30分
P3台

➡川平湾の美しさを堪能できる

⬆グラスボートで湾内を遊覧。海中のポイントで船長がサンゴ礁や熱帯魚の解説をしてくれる

グラスボート

川平湾の海の世界を船上から眺める人気ツアー。船底の一部がガラス張りになったグラスボートで、海中のサンゴ礁や熱帯魚の群れを真上から楽しめる。潮の満ち引きによって海の色や海中生物の様子が変わるのもおもしろい。

料1300円　催行通年
所要30分(9:00〜17:00の間15分おきに出航)
予約予約不要　参加条件特になし

川平マリンサービス
かびらマリンサービス

川平 MAP 付録P.4 B-1
☎0980-88-2335
所石垣市川平911　営9:00〜17:00　休無休(海の状況により運休の場合あり)　交離島ターミナルから車で30分　Pなし(近隣駐車場利用)

レストラン&ショップ

名物グルメやおみやげ探しはこちらをチェック。
見学やアクティビティと合わせて楽しみたい。

川平湾を眺めるパッション専門店
川平ファーム
かびらファーム

川平 **MAP** 付録P.4 A-3

→店内にはオーナーのボタニカルアートも展示

川平湾を見下ろす丘で、パッションフルーツの栽培・加工・販売を行う川平ファーム。果実の味がそのまま詰まったパッションフルーツやマンゴーのジュースが味わえるほか、おみやげとしてジャムやジュースの販売も。

☎0980-88-2475 ㊟石垣市川平1291-63 ㊐10:00～18:00 ㊡不定休 ㊞離島ターミナルから車で25分 Ｐ7台

→パッションフルーツジュース450円

川平湾からの贈り物
琉球真珠
りゅうきゅうしんじゅ

川平 **MAP** 付録P.4 B-2

↑黒蝶真珠ネックレスとピアス各2万7500円～。黒蝶真珠はカジュアルに使えるアイテムが揃う

世界で初めて黒蝶真珠の養殖に成功した琉球真珠。黒蝶・白蝶真珠の養殖・加工から販売までを行うのは日本ではここだけ。川平湾が目の前に広がるカフェ「R's cafe(P.89)」も併設。市街地730記念碑交差点近くの石垣店と空港店もある。

☎0980-88-2288 ㊟石垣市川平934 ㊐9:00～18:00 ㊡無休 ㊞離島ターミナルから車で30分 Ｐ15台

評判の老舗そば
川平公園茶屋
かびらこうえんぢゃや

川平 **MAP** 付録P.4 B-2

1961年に創業した、親子3代続く老舗そば屋。豚骨、鶏ガラ、カツオ節でじっくりと時間をかけてとっただしは昔から変わらぬ懐かしい味。スープがなくなり次第終了なので、川平湾に立ち寄った際はなるべく早めに行くのがおすすめ。

☎0980-88-2210 ㊟石垣市川平934-37 ㊐11:00～16:00 ㊡木曜 ㊞離島ターミナルから車で30分 Ｐ10台

↑座敷もあり、家族連れでも入りやすい

←八重山そば700円。かまぼこが石垣島の形

食事からおみやげ選びまで充実
島の駅 カビラガーデン
しまのえき カビラガーデン

川平 **MAP** 付録P.4 B-2

石垣島の食材をふんだんに使った八重山の伝統的な島料理を堪能できるレストランと、八重山各地から風土に根差したおみやげ品を集めたショップを備えた島の駅。

☎0980-88-2440 ㊟石垣市川平917-1 ㊐9:30～17:00 ㊡不定休 ㊞離島ターミナルから車で30分 Ｐなし(近隣駐車場利用)

↑川平の中心地で、食事や買い物が楽しめる

↑石垣牛100%使用の贅沢なせんべい。石垣牛せんべい

地釜蒸留による手造り泡盛
髙嶺酒造所
たかみねしゅぞうしょ

川平 **MAP** 付録P.4 B-2

今では石垣島でも数少ない、昔ながらの直火式地釜蒸留で泡盛を造っている髙嶺酒造所。工場では実際に製造の様子を見学することもできる。売店では泡盛はもちろん、泡盛Tシャツやエコバッグ、グラスなども販売している。

☎0980-88-2201 ㊟石垣市川平930-2 ㊐9:00～17:00 ㊡日曜 ㊞離島ターミナルから車で30分 Ｐ3台

↑工場見学のほか、泡盛の試飲もできる

→おもと8年古酒ゴールド、43度720mℓ3079円

神秘の海や亜熱帯の植物、潮風に吹かれて南国を巡る

石垣島一周 パノラマドライブ

↑遊歩道もあり、大自然に囲まれての散歩が楽しい

南北に長い島を一周するルート。変化に富む海岸線を眺めながら、サンゴ礁やヤシの群生など石垣島の自然を満喫できる。

1 玉取崎展望台
たまとりざきてんぼうだい

北部 MAP 付録P.2 C-1

エメラルドグリーンの海を抱きしめる

島北部の平久保半島に向かう丘にある展望台。キラキラと輝くサンゴ礁の海、ハイビスカスや亜熱帯の植物など、南の島ならではの絶景が広がる。

☎0980-83-8439(公益財団法人石垣市シルバー人材センター) ⑰石垣市伊原間 ⑭休⑭見学自由 ⑬離島ターミナルから車で40分 ⑫25台

米原ヤエヤマヤシ群落 3

P.28 底地海水浴場 Carib Cafe C

P.28 御神崎 5 P.28 米原海岸

屋良部岳 207 79 4 川平湾

於茂登岳

P.68 石垣やいま村 87

名蔵川 211

名蔵湾

名蔵アンパル 6 208 211

フサキビーチ P.29 石垣島天文台 P.27 宮良川

唐人墓 P.69/P.125 バンナ公園 P.71 石垣島鍾乳洞 P.71

79 宮良湾

石垣港 390

ユーグレナ 石垣港離島ターミナル P.95 GOAL マエサトビーチ P.29

竹富島

2 平久保崎
ひらくぼざき

北部 MAP 付録P.2 A-1

白い灯台がそびえる島最北端の岬 ➡P.24

和牛の放牧地帯を抜けると、大海原と灯台が目の前に。岬の小高い丘から、果てしない水平線、サンゴ礁群、緑の牧草地が眺められ、八重山ムード満点だ。

☎0980-83-8439(公益財団法人石垣市シルバー人材センター) ⑰石垣市平久保 ⑬離島ターミナルから車で1時間10分 ⑫10台

↑天気が良い日は多良間島(たらまじま)が見えることも

3 米原ヤエヤマヤシ群落
よねはらヤエヤマヤシぐんらく

米原 MAP 付録P.3 D-3

天然記念物のヤシが壮観

於茂登岳の山麓に、石垣島と西表島だけに分布するヤエヤマヤシが200本ほど自生。遊歩道を散策できる。

☎0980-83-7269(石垣市教育委員会文化財課) ⑰石垣市米原 ⑭休⑭見学自由 ⑬離島ターミナルから車で30分 ⑫約20台

高さ20m以上のヤシがそびえる

4 川平湾
かびらわん

川平 MAP 付録P.4 C-2

七色に変化する海と白い砂浜

透明度の高い海、白砂の湾、松林のコントラストが美しい八重山諸島を代表する絶景スポット。数多くのサンゴと熱帯魚が生息している。

➡P.23/60

天気や時間により海の色が変わる

石垣島●歩く・観る

平久保崎 2

石垣島サンセットビーチ P.28

玉取崎 P.24
玉取崎展望台 1

南ぬ島
石垣空港
START

名蔵アンパル 6
なぐらアンパル

西部 **MAP** 付録P.3 E-3

独自の生態系を持つ干潟

名蔵川河口に広がる約157haの広大な湿地帯。干潟やマングローブ林に多様な植物や動物が生息。

↑湿地保全のラムサール条約に登録

☎0980-82-1285（石垣市環境課）所石垣市名蔵 ♿離島ターミナルから車で15分 P約15台（名蔵大橋駐車場利用）

御神崎 5
うがんざき

西部
MAP 付録P.3 D-4

島の西端の爽快なビューポイント

屋良部半島の先端にある岬。青く輝く海に加え、茜色に染まる夕景が感動的。

☎0980-83-8439（公益財団法人石垣市シルバー人材センター）所石垣市崎枝 ♿離島ターミナルから車で40分 P20台

↑浸食された岩肌やサンゴ礁の眺めもダイナミック

↑断崖に建つ灯台と緑の草が美しい

立ち寄りスポット

↑手作りのなめらかプリン400円。黒糖サンデー650円、マンゴージュース500円

Carib Cafe
カリブ カフェ

石垣牛はじめ島の食材を使った本格洋食が人気。店内の大きな窓からは水平線が一望できる。

☎0980-88-2113 所石垣市川平1216-113 🕐11:00〜売り切れ次第閉店 休月曜（不定休あり）♿離島ターミナルから車で35分 P4台

移動時間◆約3時間〜

おすすめドライブルート

南ぬ島石垣空港を出発し、国道390号を北上して玉取崎展望台へ。県道206号に入り、平久保崎までは約16km。米原ヤエヤマヤシ群落は石垣島固有種のヤエヤマヤシの群生地で、南国の雰囲気が味わえる。カビラブルーと呼ばれる美しい海岸の広がる川平湾の絶景を満喫したら、御神崎や名蔵アンパルから沈む夕日を眺めよう。途中の立ち寄りスポットで沖縄の味を楽しみながら走ろう。

南ぬ島石垣空港 ぱいぬしまいしがきくうこう
⬇ 国道390号 15km／20分
1 玉取崎展望台 たまとりざきてんぼうだい
⬇ 国道390号、県道206号 16km／40分
2 平久保崎 ひらくぼざき
⬇ 国道390号、県道206号 16km／40分
3 米原ヤエヤマヤシ群落 よねはらヤエヤマヤシぐんらく
⬇ 県道79号 10km／20分
4 川平湾 かびらわん
⬇ 県道79号 9km／20分
5 御神崎 うがんざき
⬇ 県道79号 11km／25分
6 名蔵アンパル なぐらアンパル
⬇ 県道79号 7km／15分
ユーグレナ **石垣港離島ターミナル** ユーグレナいしがきこうりとうターミナル

石垣島 | 周 パノラマドライブ

手で感じる八重山の文化

島伝統のものづくりを体験

歴史とともに受け継がれている、八重山文化。今もなお人々が大切にしている島の文化を、自らの手で体感したい。

石垣島●歩く・観る

ミンサー織り体験

あざみ屋
みんさー工芸館
あざみや みんさーこうげいかん

中心部 **MAP** 付録 P.7 E-3

八重山諸島を発祥とする「八重山ミンサー」。かつては婚約の証しとして女性から男性へ贈られたという品。みんさー工芸館ではコースターやタペストリーなどの手織り体験ができる。機織り機の台数に限りがあるので、事前予約がおすすめ。

☎0980-82-3473 所石垣市登野城909 営9:00～18:00 休無休 交離島ターミナルから車で10分 P12台

体験DATA 料コースター 1500円～、テーブルセンター 2500円（大は3500円）、タペストリー 8500円（コースにより異なる） 所要 20分～4時間 予約 電話で要予約、直接来館可能（待ち時間ある場合あり） 対象 小学3年以上 ●1週間以内に発送（送料無料）

⬆手織り体験コースは4コース。スタッフがていねいに指導してくれる

⬆売店ではミンサー織りの生地のほか、ウェアやバッグなども販売

5つと4つの四角を組み合わせた絣柄が特徴

↑おみやげ用のシーサーや南国モチーフの器も販売

↑工房からは川平湾が見える

↑石垣島で採れた粘土を使ってシーサー作り

↑小さな子どもにもていねいにサポート

シーサー作り体験

川平焼 凜火~rinka~
かびらやき りんか

川平 **MAP** 付録P.5 E-4

シーサー作りは、立体型や壁掛け型、香炉・灰皿・貯金箱型などさまざまなコースから選ぶことができる。琉球ガラスを使った器やアクセサリー作りなども行っている。石垣島の粘土で作った自分だけの作品が、旅の思い出を彩るはず。

☎0980-88-2117
所石垣市川平1216-60
営9:00~17:00 休不定休
交離島ターミナルから車で30分 P7台

体験DATA	
料2000円~	所要30分~2時間
予約Webで要予約、当日の場合は電話にて	対象6歳以上（未就学児は大人の同伴が必要）

● 約2カ月後に発送（送料別途）

沖縄でもさらに独自の歴史を歩んだ離島
八重山文化を学ぶ

石垣島の独特の歴史を紡いで
きた証しが島内に点在している。
八重山文化を発信する施設や
体験スポットで、
より深く、島の歴史を感じたい。

■ 島の文化をまるごと体験
石垣やいま村
いしがきやいまむら
西部 **MAP** 付録P.3 E-3

八重山の文化をひとつの"村"に凝縮し
たテーマパーク。古民家、食事処、リ
スザルの森など多彩な施設が揃い、も
のづくり体験もできる。

☎0980-82-8798 　㊟石垣市名蔵967-1
🕘9:00～17:30(入場は～17:00)　㊡無休
㊎1000円　㊍離島ターミナルから車で20分
🅿約100台

レトロな古民家でのんびり
島の文化を楽しもう

→「リスザルの森」
ではリスザルが自
然に近い状態で飼
育されている

中国人労働者の慰霊の地
唐人墓
とうじんばか
→P.125

→P.125

西部 **MAP** 付録P.3 E-4

1852年、米国船内で400人の中国人労働者が虐待を受け、暴動が勃発。その後、船は石垣島沖に座礁し、380人が島に降り立つが米英官憲の追手により128人が死亡。その御霊を祀るため、1971年に建立された。

☎0980-83-8439(公益財団法人石垣市シルバー人材センター)
🏠石垣市新川1625-9 🚌離島ターミナルから車で15分
🅿30台

🌀敷地内には六角堂も建ち、あずま屋となっている。屋根の意匠が中国風。近くには獅子像もある

🌀『三国志』などをモチーフに極彩色で装飾された瓦屋根が目を引く

琉球王朝時代の豪壮な館と庭
宮良殿内
みやらどぅんち

中心部 **MAP** 付録P.9 F-2

島の頭職を務めた宮良氏の屋敷として、1819年に建造。母屋は赤瓦葺きの平屋建てで、縁側から枯山水の庭園が望める。

☎0980-83-7269(石垣市教育委員会)
🏠石垣市大川178 🚌離島ターミナルから車で5分 🅿なし

八重山で初めて創建された寺
桃林寺・権現堂
とうりんじ・ごんげんどう

中心部 **MAP** 付録P.9 D-1

琉球に侵攻した薩摩藩の指示により1614年に創建された臨済宗寺院。権現堂は国指定の重要文化財。

桃林寺☎0980-82-2142
権現堂☎0980-83-7269(石垣市教育委員会)
🏠石垣市石垣285-1 🕐7:00〜18:00
🈵無休 💴無料 🚌離島ターミナルから車で5分 🅿10台

🌀八重山の名刹、桃林寺

🌀建物は国の重要文化財、庭は名勝に指定

沖縄離島の歴史と文化を学ぶ
八重山博物館
やえやまはくぶつかん
→P.125

→P.125

中心部 **MAP** 付録P.9 F-3

漁・農耕具、焼物、着物、歴史資料などを展示している。生活道具が多いのも興味深い。

☎0980-82-4712 🏠石垣市登野城4-1
🕐9:00〜17:00(入館は〜16:30) 🈵月曜(祝日の場合は翌日)、祝日 💴200円 🚌離島ターミナルから車で3分 🅿5台

🌀豊富な展示品から八重山の暮らしが伝わる

八重山文化を学ぶ

旅行者の「驚きの発見」を歓迎する島

変幻する自然を肌で感じる

島固有種の生き物を間近で観察できたり、山から見る島と海の大パノラマなど、
広い島内には、大自然を体ごと感じられるスポットがいたるところに！

ヤエヤマヒメボタル

体長4〜6mmほど。日本で最も小さな
ホタルで、年々数が減少している。

ホタルツアー

米原 **MAP** 付録P.3 D-2

森の闇を星空に変えるような
幻想的な光の乱舞に包まれる

ヤエヤマヒメボタルが生息する森を守り
ながら開催するツアー。森に入りあたり
が暗くなった頃、無数のホタルが美しい
光を発しながら飛び交う光景は、まさに
自然の神秘。ホタルを見た後は星空保
護地区で写真撮影も。

石垣島 エコツアー りんぱな
いしがきじま エコツアー りんぱな

☎090-8126-3209　所石垣市桴海148　営9:30
〜16:00　休不定休(HPで要確認)　料3000〜
5000円(幼児無料)　交石垣港から車で20分　P
10台

八重山諸島の生き物たち

独特の気候と風土から、八重山
諸島には固有種も多い。キシノウ
エトカゲ、ヤシガニ、ヤエヤマオ
オコウモリ、蝶のオオゴマダラは
それぞれ日本の最大種。ツアー
中に見られることもある。カンムリ
ワシは石垣の市鳥だ。

ヤシガニ

名前にある「カニ」
ではなく、ヤドカリの
一種。陸上の甲殻類
では最も大きい。

**リュウキュウ
コノハズク**

石垣島には日本
一小さいフクロ
ウの仲間が生息。
「コホー」と鳴く。

⊙標高230mのバンナ岳一帯に広がる公園の展望台からは海や森、八重山諸島などを一望できる

バンナ公園

バンナこうえん

中心部 **MAP** 付録P.3 E-3

八重山の自然が集まる公園は
遊びと発見、驚きのパラダイス

石垣島南部のバンナ岳周辺に約290haの広大な面積を持つ。亜熱帯の風土と山の地形を生かした5ゾーンからなり、八重山の自然を満喫できる。特に、展望台と渡り鳥観察所があるバンナスカイライン、森林散策広場、自然観察広場は必見エリアだ。

⊙公園内「世界の昆虫館」では珍しい標本も展示

☎0980-82-6993 　所石垣市石垣961-15
時9:00～21:00、世界の昆虫館10:00～17:00、バンナスカイラインの展望台は24時間 　休無休（世界の昆虫館は月・木曜）
料世界の昆虫館400円 　交離島ターミナルから車で15分 　P400台

石垣島鍾乳洞

いしがきじましょうにゅうどう

中心部 **MAP** 付録P.3 E-3

海底だった地層が浸食された
地下宮殿のような神秘の空間

日本最南端の鍾乳洞で、全長3.2kmのうち約660mを公開。サンゴ礁が隆起した地層が20万年間も浸食され、神秘的な石筍や石柱を形づくる。リニューアルした幻想的なイルミネーション、水琴窟、シャコ貝の化石などが見どころ。入口周辺では多彩な亜熱帯の植物が見られる。

⊙鍾乳洞のクライマックス「神々の彫刻」の森には、周囲10mもの大石柱や造形美に富む石筍が林立し、自然の芸術に酔える

☎0980-83-1550
所石垣市石垣1666
時9:00～18:30
（入場は～18:00）
休無休
料1200円 　交離島ターミナルから車で15分 　P36台

どこまでも青い海を優雅にひらめく海の女王

マンタに会いに行く

体験ダイビング

石垣島の海は、マンタに出会えるスポットがいくつかある。初心者も挑戦できる体験ダイビングで、憧れのマンタがいるクリスタルブルーの海へ。

せっかく石垣島でダイビングするなら、巨大なマンタの泳ぐ姿を間近に眺めてみたい。手軽なシュノーケリングもいいけれど、ダイビングのツアーなら、より近くでいろいろな角度から眺められるのが魅力。日差しにきらめく海にマンタがゆったりと泳ぐ姿はまるで夢の世界。マンタに出会いやすいポイントは水深12m前後のため、通常の体験ダイビングよりも深いところを潜ることが多い。初心者は事前にしっかりレクチャーのあるツアーを選ぶと安心だ。

石垣島●遊ぶ

SCHEDULE 　所要7時間

8:20 ショップに集合。潜り方と器材の使い方について、約30分のレクチャーを受ける。希望すれば、バスでの送迎もしてくれる。

➡まずは船や陸の上で、ダイビングの基本を学ぼう

9:00 1回目のダイブはボートで10分ほどの水深の浅い場所で行う。インストラクターに手伝ってもらいながら、器材を装着しよう。

➡潜る前の最終説明を受けて、準備万端整ったら、いざ海の中へ！

9:30 まずはボートのハシゴにつかまった状態で、海の中で呼吸の練習。慣れてきたらインストラクターとマンツーマンで少しずつ潜っていく。

➡1対1で対応してくれるから安心。あわてず、ゆっくり潜ろう

初めてのダイビングで憧れのマンタを追うマンタプレミアムコース

1回目は浅い水深で基本を学び、2回目のダイブで水深8〜10mのマンタポイントへ。コース終了時、ライセンス（Cカードの）取得講習の一部終了とみなされる。

🈯 2万4750円、DVDオプション1100円
🈢 通年（雨天決行）
🈬 6時間30分（8:30〜15:00）　🈯 前日までにWeb（umikyo.com/）で要予約　参加条件 10歳以上（事前に質問表による健康チェックが必要）●ツアーに含まれるもの　器材一式、飲み物、保険 ※スタッフ撮影写真のDVDはオプション1100円

うみの教室　北部 MAP 付録P.2 C-1
うみのきょうしつ

☎0980-89-2191
🈑石垣市伊原間4-96　🈒8:00〜18:00
🈓不定休　🈔離島ターミナルから車で35分
🅿10台

ツアー参加のQ&A

Q 参加するときの服装・持ち物は？

A 水着着用で参加し、タオルやビーチサンダル、日焼け止めなどは各自で持参。ウェットスーツ、マスク、フィンなどの必要な器材のレンタルはツアー料金に含まれるのが一般的だ。船酔いしやすい人は酔い止め薬を持参しよう。帽子やサングラスもあれば便利。

Q 悪天候の場合は？

A 基本的には雨天の場合も実施される。台風などで海の状況が悪いときは、コースの変更や中止となる場合もある。

Q 必ずマンタに会える？

A 生き物相手なので100%会えるわけではないが、海況がよく、マンタポイントと呼ばれるところへ行くことができれば高い確率で会える。

陽光に輝く海を悠々と泳ぐマンタに出会ったときの感激は言葉にならないほど

10:00 落ち着いて呼吸できるようになったら、ダイビングのテクニックの練習。慣れたら、サンゴと熱帯魚がきれいな海をのんびり水中散歩。

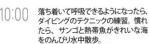

➡練習を兼ねて海中を散歩。初めての海の眺めは一生の思い出に

12:30 休憩しつつボートで約30分のマンタポイントへ。練習後なので落ち着いてダイビングが堪能できる。その後ショップへ戻りランチ、15:00頃解散。

➡2回目のダイブでいよいよマンタとご対面。大きさを間近で体感！

⬆憧れのマンタと一緒に記念撮影をしてくれるツアーも多い。石垣島の旅の思い出にぜひ！

※スケジュールは変更になる場合があります。

青く光り輝くミステリアスな海の異空間

洞窟探検に漕ぎ出す

シーカヤック&シュノーケリング

幻想的に輝く青の洞窟を一度は見てみたい。
シーカヤックで探検気分を味わいつつ、魅惑的な青の世界に身をゆだねてみる。

石垣島にある青の洞窟は、海水の浸食により岸壁に生まれた洞窟。内部に光が差し込み、海面が青く輝く神秘的な光景に、誰もが目を奪われる。洞窟への移動は、探検気分満点のシーカヤックがおすすめ。鍾乳石やサンゴの化石が覆う洞窟内を探検し、周辺のサンゴの海でのシュノーケリングも楽しみたい。

↑洞窟内の広いホールに到着！

↓洞窟内をシュノーケリングで探検。周辺の海は透明度が高い

青の洞窟 シーカヤック & シュノーケリング

シーカヤックとシュノーケリングの両方が楽しめるツアー。5歳以上から参加でき、シュノーケリングと洞窟探検のツアーもある。マングローブカヤック、ナイトサファリなど、ほかにも多彩なツアーを実施している。

料 7000円(中学生以上)、子供5000円(5歳〜小学6年)
催行 4月〜11月初旬 **所要** 3時間 **予約** 前日までに電話／Web (opa.sunnyday.jp)で要予約(定員になり次第締切)
参加条件 特になし ●ツアーに含まれるもの 器材一式、飲み物、保険、ガイド料

石垣島エコツアーショップ オーパ

いしがきじまエコツアーショップ オーパ

米原 **MAP** 付録P.3 D-3

☎0980-88-2165

所 石垣市桴海648 **営** 8:00〜20:00 **休** 不定休 **交** 離島ターミナルから車で25分 **P** 2台

2人乗りのシーカヤックで青の洞窟へ。海の様子次第では、シーカヤックで洞窟内へ入ることもできる

カクレクマノミに会いたい!
透き通った
海の中へ
グラスボート&シュノーケリング

カクレ
クマノミ

魚の集まるサンゴの群落。
船で移動中も海中観賞。

「ニモ」でおなじ
みのカクレクマ
ノミもたくさん!

世界最大級のアオサンゴの群落が広がる白保の海は、海の透明度が高く、熱帯魚やサンゴの種類豊富な格好のシュノーケリング・スポット。船底が透明なグラスボートで往復するツアーなら、カラフルな熱帯魚の棲む海を存分に眺められる。

SCHEDULE

所要3時間

8:30 ショップに集合し、準備ができたら海へ。カヤックの漕ぎ方などを練習して出発。

9:30 カヤックを漕いで20分ほどで青の洞窟に到着。カヤックで洞窟内を進んだり、水に飛び込んだりして青く輝く洞窟探検を楽しもう。

↑初心者でも慣れれば大丈夫

10:00 シュノーケリングを開始。洞窟横のビーチで講習してくれるので初めてでも安心。サンゴが豊かな洞窟周辺でたくさんの魚に出会える。

↑5歳からOKなので家族にもおすすめ

11:30 カヤックで戻り、ショップでシャワーや着替え。宿泊先までの送迎もしてくれる。

SCHEDULE

所要3時間

9:00 ショップに集合。器材をレンタルする場合はお店で借りよう。準備が整ったらマイクロバスでビーチへ。

9:30 グラスボートに乗って沖合のポイントへ。船底から白保自慢のサンゴの海をゆっくりと満喫しよう。

↑広大なサンゴの森が広がる

9:40 ポイントに到着後、シュノーケリングをスタート。3カ所で、それぞれ違う種類の魚やサンゴが見られる。

↑浅いところでも魚の姿が見られる

12:00 じっくりとシュノーケリングを楽しんだら、グラスボートとバスでショップに戻る。シャワーや着替えをして解散。

↑お店のアイドル、アヒルと一緒にシュノーケリングできる日も(上)。ビーチからポイントまではグラスボートでクリアな海をじっくり眺めよう(下)

白保グラスボート&
シュノーケリング

白保の海を熟知した地元ガイドさんが、アオサンゴの群落を含む3つのポイントへ案内。3時間かけて、カラフルな熱帯魚やサンゴが豊富な海を楽しむ和気あいあいのツアー。

料4000円(器材レンタル代別途) **催行**通年(雨天決行、午前9:00集合) **所要**3~4時間 **予約**前日20時までに電話で要予約 **参加条件**特になし ●ツアーに含まれるもの　ライフジャケット、飲み物、保険、ガイド料

時間限定で現れる白砂の島でロマンティックな無人島体験

「幻の島」に上陸する

浜島シュノーケリング
はまじま

エメラルドグリーンの海に現れる、砂だけでできた三日月形の島。
最高に美しいロケーションでカラフルな熱帯魚とたわむれる。

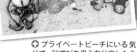

↑ プライベートビーチにいる気
分で、砂遊びを思う存分楽しもう

MAP 本書P.2 C-3 **→P.117**

竹富島と小浜島との中間に、干潮時だけ現れる幻の島が浜島。白い砂浜とマリンブルーのコントラストが美しく、島に上陸すれば360度のオーシャンビューに心癒やされる。島の周辺は水深が浅く、サンゴや熱帯魚も豊富。海水浴やシュノーケリングを気軽に楽しめて、ファミリーやカップルに人気のツアーだ。

↑ 島の周りはサンゴが広がるお魚天国だ

↑ サンゴのかけらでできた白く細長い砂浜をのんびり散策。干潮時のひとときだけ楽しむことができる

・ SCHEDULE ・

所要7時間

9:00 幻の島に向かって出港。20分ほどで到着、上陸したあとは浜遊びやシュノーケリングで自由に過ごそう。

10:30 再び船に乗ってサンゴのポイントに移動。美しい熱帯魚などの、海の生き物とふれあえる。

12:00 休憩&ランチ。海の上で食べるお昼ごはんは格別だ。別のシュノーケルポイントに向けて、移動する。

16:00 ロマンティックな浜島と美しいサンゴを楽しんだ一日も終わり。解散後は疲れた体をゆっくり休めよう。

幻の島一日プラン

幻の島でのんびり過ごし、シュノーケリングも満喫。カップルやファミリー割引のある手ごろな半日ツアーのほか1日ツアーやオプションも用意している。

料 1万2960円 **催行** 通年(雨天決行)
所要 7時間 **予約** 前日までに電話/Web(https://kariyushi-ishigakijima.com/)で要予約(当日予約は電話にて要相談)
参加条件 特になし
● ツアーに含まれるもの　レクチャー、器材、乗船料、施設使用料、保険、弁当

かりゆし石垣島
かりゆしいしがきじま

中心部 **MAP** 付録P.6 B-3

☎ 0980-82-6939
所 石垣市新栄町16-1
営 6:00～24:00 **休** 無休 **交** 離島ターミナルから車で5分 **P** 2台

↑島全体が西表石垣国立公園に含まれている。高台からの眺めも最高だ

パナリ島（新城島）1日のんびりコース

沖縄でも随一の透明度を誇るエメラルドグリーンの海に囲まれたパナリ島をたっぷり楽しめるツアー。シュノーケリングをすれば、色とりどりの熱帯魚やサンゴがすぐ目の前に。人工ではない、自然豊かな環境も魅力のひとつだ。

料 1万2000円（シュノーケリング器材レンタル代別途1000円） 催行 4〜10月 所要 7時間30分 予約 4日前までにWeb(aneikankou.co.jp/)／3日前までに電話で要予約 参加条件 原則3歳以上、満6歳未満同伴幼児は原則として大人1名につき無賃扱い（昼食は除く、保険代500円）（最少催行人員2名）
※荒天時は中止　●ツアーに含まれるもの　乗船料、弁当、ドリンク

安栄観光
あんえいかんこう

中心部 MAP 付録P.9 D-3

☎0980-83-0055
所 石垣市美崎町1石垣港離島ターミナル1F 営6:00〜20:00 休無休（台風時を除く）交離島ターミナル内 Pなし（離島ターミナル近隣駐車場利用）

人魚伝説の残る、自然豊かな島

秘境「パナリ島」へ

新城島シュノーケリング
あらぐすくじま

新城島 MAP 付録P.15下図

正式名称を新城島といい、かつてはジュゴンが生息していたというパナリ島。定期船もない小さな島を独り占めしたい。

訪れる人が少ないので、プライベートビーチのよう。青い海、白い砂浜、広い空に囲まれてリラックスしよう

「幻の島」に上陸　秘境「パナリ島」へ

所要7時間20分

8:10 石垣港離島ターミナル集合。フリータイムにマリンスポーツを予定している人は事前に水着を着用しておこう。飲み物持参が望ましい。日焼け対策も忘れずに。

8:30 石垣島を出発。高速船でパナリ島へ向かう。到着後は徒歩で島内を散策。北の浜へ移動し昼食・フリータイム。シュノーケリングなどマリンスポーツを満喫する。

15:20 ハウスで着替えたあと、高速船で石垣島へ戻る。

少しだけ勇気を出して
アクティビティにトライ！

ジャングルを探検したり、動物とふれあったり…。
雄大な島の自然を満喫する多彩なツアーを紹介。

パラグライダー
ワイドな青い海を空から感じる

真っ青な海と白い砂浜、島の緑の広がる絶景を上空から満喫。インストラクターと2人乗りならライセンス不要だ。

難易度 ★★★★★

スカイアドベンチャー うーまくぅ

北部 **MAP** 付録P.2 B-1
☎080-1076-5844
所石垣市伊原間249-42
⏱9:30～16:00
休不定休
交離島ターミナルから車で50分
P5台

料1万2000円 催通年(雨天強風時中止)
所要40分 予空きがあれば当日予約も可
参加条件特になし
●ツアーに含まれるもの 施設使用料、器材一式、保険

➡カメラ持参で空撮も楽しめる(左)、動力付きなのでビーチから離着陸可能(右)

➡サンゴの海や白い海岸線に緑。カラフルな自然が目に飛び込んでくる

ドルフィンスイム
かわいいイルカと泳ぐ

イルカと一緒に泳いだり、魚をあげたり、握手したりして、イルカと直接ふれあえる。生け簀内で飼育しているイルカなので安心。

難易度 ★★★★★

➡ウェットスーツで海中へ

料1万2980円 催通年(雨天催行) 所要2時間
予約前日18時までに電話／Web(df-ishigaki.com/)で要予約 参加条件4歳以上(5歳以下は保護者同伴) ●ツアーに含まれるもの ライフジャケット、ウェットスーツ、フィン、マスク、シュノーケル、保険

ドルフィンファンタジー石垣島
ドルフィンファンタジーいしがきじま

☎0980-87-5088 中心部 **MAP** 付録P.6 C-4
所石垣市南ぬ浜町1 緑地公園駐車場 ⏱9:30～16:30 休無休 交離島ターミナルから車で5分
P50台

➡イルカと同じ目線で泳げる

パラセイリング
風を感じながら ふわりと海へ

ボートに引かれたパラシュートで楽しむ空中散策。50m、75m、100mから好きな高さで挑戦。

難易度 ★★★★★

➡風により3人まで一緒に

料7000円 催行通年(9:00／11:00／13:00／15:00) 所要1時間～1時間30分 予約前日20時までに電話／Web(blue-seasar.com/)で要予約
参加条件身長120cm以上 ●ツアーに含まれるものライフジャケット、保険

ブルーシーサー石垣島
ブルーシーサーいしがきじま

☎0980-87-8821 中心部 **MAP** 付録P.6 B-2
所石垣市新川2419-1 ⏱8:00～20:00 休無休
(冬期休業あり) 交離島ターミナルから徒歩5分
Pなし(近隣駐車場利用)

※アクティビティの実施期間・時間は、ビーチの遊泳期間・時間と異なる場合があります。事前にご確認ください

↑ワイヤーでの滑空はスリルがあって大人気

↑探検気分満点。海のツアーが中止になったときに利用する人もいる

ジャングルトレッキング & ジップ

ジャングルの中を滑空する

短時間のジャングル・トレッキングの合間に、各所に設置されたワイヤーで傾斜を一気に滑り降りる。珍しい動植物に出会えることも。

難易度 ★★★★★

料金 6500円　**催行** 通年　**所要** 3時間　**予約** 事前にWeb（hanalee-ishigaki.com/）で要予約（前日予約は電話にて要相談）　**参加条件** 小学3年〜60歳（体重95kg以下、妊婦は参加不可）　●ツアーに含まれるもの　軍手、ヘルメット、ハーネス、保険

Hanalee
ハナリ

米原 **MAP** 付録P.3 D-2

☎0980-82-8727

所 おもとトンネル南側出口（集合場所）　**営** 8:00〜20:00　**休** 不定休　**交** 離島ターミナルから車で30分　**P** 2台

SUP（ スタンドアップパドル）

マングローブ林で流行のスポーツを

サーフボードに立った状態でパドルを漕ぐSUPの1組貸切初心者向けツアー。ガイドの説明付きでマングローブ林の中を探検する。

難易度 ★★★★★

↑波がないので簡単に漕げて、探検気分も味わえる

料金 7500円〜　**催行** 通年（雨天催行）　**所要** 4時間（満潮時のみ催行）　**予約** 前日20時までに電話／Web（nijiirono-sakana.com/）で要予約　**参加条件** 中学生以上　●ツアーに含まれるもの　器材一式、ライフジャケット、マリンブーツ、保険、飲み物

にじいろのさかな石垣島
にじいろのさかないしがきじま

中心部 **MAP** 付録P.6 C-2

☎090-4072-5997

所 石垣市石垣98-6　**営** 8:00〜21:00　**休** 不定休　**交** 離島ターミナルから車で10分　**P** なし

ホースライディング

沖縄の小さな馬に揺られビーチをのんびり散歩

島北部にある観光牧場。小ぶりなヨナグニウマに乗って平久保牧場を散策したり、夏は海の中で遊ぶ海馬遊びが人気。

↑牧場からの海の眺めも最高

難易度 ★★★★★

料金 3000円〜　**催行** 通年　**所要** 1時間〜　**予約** 前日18時までに電話／Web（ishigaki-umahiroba.com/）で要予約　**参加条件** 4歳以上、体重69kg以下　●ツアーに含まれるもの　保険

石垣島馬広場
いしがきじまうまひろば

北部 **MAP** 付録P.2 A-1

☎080-6485-5979

所 石垣市平久保牧355　**営** 10:00〜17:00　**休** 不定休　**交** 離島ターミナルから車で60分　**P** 3台

↑3名以上の場合は交代で

島野菜の
バーニャカウダ 1650円

石垣産豚肉の粗挽き
自家製ソーセージ
2200円

超激辛島唐辛子の
ペンネ 1430円

予約 望ましい
予算 D 3000円〜

自然が生み出す恵みをおいしく昇華

八重山食材を贅沢に味わう

**ゴージャスなリゾートホテル自慢のダイニングは味も雰囲気も極上。
離島の休日をいっそう贅沢に彩ってくれる。**

石垣の極上素材を生かした
イタリアンの数々に酔う

南イタリア料理
SOLEMARE

みなみイタリアりょうり ソレマーレ

中心部 MAP 付録P.9 E-3

ナポリやシチリアで修業した佐藤シェ
フが、島の厳選食材を用いて本場その
ままの味を供する。特に日替わりのパ
スタや魚料理、石垣産豚や和牛のメイ
ン料理が絶品。石垣港に面し、海の眺
めも美しい。

☎0980-88-5760
🏠石垣市美崎町2-5 大和ビル1F
🕐17:00〜20:00(LO21:00)
🈳月曜 🚗離島ターミナルから徒歩3分
Ⓟなし(近隣駐車場利用)

↑落ち着いた雰囲気の屋内席のほか、テラス席もある

↑島魚のカルパッチョ1210円

濃厚な旨みとほどよい脂が絶妙
石垣牛を豪快な焼肉で味わう

石垣牛焼肉&ダイニング 琉華
いしがきぎゅうやきにく&ダイニング りゅうか

西部 **MAP** 付録P.3 E-4

南国ムード満点のグランヴィリオリゾート石垣島(P.53)の人気店。石垣牛の焼肉セットと単品メニューが充実し、希少なブランド牛を味わい尽くせるほか、石焼きビビンバなどサイドメニューも揃う。泡盛も種類豊富。

☎0980-88-0030
🏠石垣市新川舟蔵2481-1 　⏰11:30〜14:30
(LO14:00)17:30〜21:30(LO21:00) 　㊡無休
🚗離島ターミナルから車で10分 　🅿110台

予約	望ましい
予算	Ⓓ6600円〜

➡海を望む大きな窓と高い天井の店内でくつろぎながら食事を

※写真はイメージ

石焼き
ビビンバ
1500円
ビビンバ、カルビクッパなどのほか、海ぶどうなど沖縄ならではの単品メニューも充実している

八重山食材を贅沢に味わう

塩(SALT)がコンセプトの
フィッシュ&ミートビストロ

SALTIDA
サルティーダ

中心部 **MAP** 付録P.3 F-3

ANAインターコンチネンタル石垣リゾート(P.41)が誇る新感覚ビストロ。石垣島の海と大地の恵みをベースに、その日とれたフレッシュな食材を使用し、素材に合わせた調理法と味付けを提案。独創的なオリジナルメニューが味わえる。

☎0980-88-7111
🏠石垣市真栄里354-1
⏰6:00〜11:00 12:00〜15:00 17:30〜22:00
㊡無休 　🚗離島ターミナルから車で10分
🅿300台

予約	望ましい
予算	Ⓑ2500円〜・Ⓛ4000円〜・Ⓓ7000円〜

アラカルト各種
島野菜や魚、肉など厳選された食材を使ったさまざまな料理を用意している

⬆肉を豪快に焼いた料理なども人気

⬆ベイウィング1階にあり、プールが眺められるテラス席もある

石垣牛を贅沢に味わおう
予約必須の人気店

炭火焼肉 やまもと
すみびやきにく やまもと

中心部 **MAP** 付録P.8 B-1

石垣牛上ロースを軽く焼いて、オニオンスライスとポン酢でさっぱりと食べる焼きシャブが人気。タンをじっくり煮込んだニコタンはほかにはない一品。数カ月先まで埋まっていることが多いので、予約はお早めに。

☎0980-83-5641
所石垣市浜崎町2-5-18
営17:00〜LO20:00 休水曜
交離島ターミナルから徒歩10分
P15台

予約	望ましい
予算	D 3500円〜

◆焼きシャブ2640円(左下)、ホルモンの盛り合わせ2200円(左上)。上ロース2530円(右上)。ニコタン710円(右下)

◆ゆっくりできる落ち着いた雰囲気の店内

↑テーブル席、座敷、カウンターがある

オーナーが自ら飼育する
最高級石垣牛を堪能

金牛
きんぎゅう

☎0980-82-2232
所石垣市美崎町8-8
営17:00〜22:00(LO 21:30)
休木曜 交離島ターミナルから徒歩5分 Pなし

中心部 **MAP** 付録P.9 E-2

石垣牛の品評会でも数々の受賞歴を持つ、金嶺牧場のオーナーが経営。石垣牛の匠が情熱をかけてつくり上げる牛肉は良質でやわらかく、口の中で芳醇な甘みが広がる。金嶺牧場の種牛名がついたセットメニューがおすすめ。

予約	可
予算	D 5000円〜

◆賑やかな美崎センター通りにある

◆最高級の石垣牛が楽しめる

全国に名を馳せるブランド牛

本場の石垣牛を舌にのせる歓び

独特の甘みととろける舌ざわりが特徴の「石垣牛」。
八重山諸島の代表的な食材にご注目!

証明書付きの石垣牛を
おしゃれに堪能する

CORNER'S GRILL
コーナーズ グリル

中心部 **MAP** 付録P.9 E-2

3等級以上のJA石垣牛にこだわったステーキ、ハンバーグ、ハンバーガー専門店。4、5等級の石垣牛を使ったステーキは数に限りがあるため、予約時の取り置きがおすすめだ。石垣牛100%のハンバーグはボリューム満点。肉本来の旨みを感じられる。

☎0980-82-8050
所石垣市大川258-1 城西ビル1F
営11:00〜売り切れ次第終了
不定休 交離島ターミナルから徒歩3分 Pなし

予約	可 (15:00〜17:00)
予算	L 2000円〜

◆アボカドダブルチーズバーガー3905円。クリーミーなアボカドは肉汁あふれるパティと相性抜群

➡テイクアウト可能なメニューも揃う

泡盛の数だけ味がある！魅力にどっぷりハマる

石垣泡盛スタイル

黒麹を麹部屋に移す作業も、近くで見学できる

ほろ酔い気分で傾ける盃が、
より深い泡盛の世界に
連れていってくれる。

泡盛仕込みのリキュールは
女性や若者のファンも多い

請福酒造
せいふくしゅぞう

宮良 **MAP** 付録P.3 F-2

60年余の歴史を誇る請福酒造では、無料の工場見学を実施。泡盛ができる工程もていねいに説明してくれる。

☎0980-84-4118　🏠石垣市宮良959
🕘9:30～18:00、工場見学11:00～、13:30～
※団体は事前予約　🚫土・日曜、祝日　🚌南ぬ島石
垣空港から車で10分　🅿6台

←直営店売店では全銘柄が試飲可能

ゆずシークヮーサー
ゆず、シークヮーサーを泡盛とブレンドした爽やかなリキュール
●720㎖、10度、1931円

請福ビンテージ
3年寝かせた100%古酒。コクと旨みが凝縮したどっしりした味わい
●720㎖、43度、2750円

伝統と革新を
融合した酒造り

八重泉酒造
やえせんしゅぞう

西部 **MAP** 付録P.3 E-3

市街地が一望できる風光明媚な高台にある八重泉酒造。ショップでは、蔵元限定古酒やハブ酒も取り揃え、試飲もすることができる。

☎0980-83-8000　🏠石垣市石垣1834
🕘9:00～16:00　🚫土・日曜、祝日　🚌離島ターミナルから車で10分　🅿50台

↑泡盛製造について解説されたDVD鑑賞もできる

蔵元限定「みやらび」5年古酒
蔵元でしか買えない限定泡盛●720㎖、43度、3850円

島うらら
石垣島産の米を原料にした国内街で受賞歴のある泡盛
●720㎖、25度、1320円

泡盛とシークヮーサーの
すっきりとした味わい

石垣島泡盛ゼリー本舗
いしがきじまあわもりゼリーほんぽ

中心部 **MAP** 付録P.9 E-2

八重山の泡盛からは8銘柄がスイーツに。お酒が苦手な人でもおいしくいただける爽やかな風味。

☎0980-83-7310　🏠石垣市大川280-7
🕘10:00～20:00　🚫木曜　🚌離島ターミナルから徒歩7分　🅿なし

泡盛ゼリー 白百合
池原酒造の白百合は独特の味わいがクセになる
●302円（1個）

泡盛ゼリー 玉の露
創業100年を迎えた八重山最古の酒蔵、玉那覇酒造の玉の露のゼリー
●302円（1個）

本場の石垣牛　石垣泡盛スタイル

↳ 開放感のある店内。座敷とテーブル席、外席がある

バリエーションが楽しい

八重山そば
名店セレクト

スタンダードな八重山そばや人気不動のソーキそばにチャレンジしたら、個性あふれる各店の変わりダネに挑んでみよう。

八重山そば処 来夏世
やえやまそばどころ くなつゆ

中心部 **MAP** 付録P.6 C-2

昔ながらの八重山そばが味わえる

シンプルな昔ながらの八重山そばが人気。食事のメニューは八重山そばとジューシー（炊き込みご飯）のみで、ジューシーは早い時間になくなってしまうことも。緑に囲まれた気持ちのいいお店。

☎0980-82-7646
所石垣市石垣203
時10:00～14:00
休水・木・日曜
交離島ターミナルから車で5分
P9台

八重山そば（中）550円
具は、甘辛く煮た豚肉と八重山かまぼこ、島ネギだけという八重山そばの定番。だしは豚骨ベース。サイズは大・中・小とある

海老そば 1250円
石垣島産車エビが贅沢に5本ものった海老そば。スープはエビのだしが効いた味噌仕立てで、香ばしいエビの香りが食欲をそそる

↳ 木のぬくもりがあふれる店内。テラス席もあり

八重山 嘉とそば
やえやま かとそば

川平 **MAP** 付録P.5 F-3

つるっとした麺が人気の海老そば

通常八重山そばで使われる麺を製麺所から生のまま仕入れているため、つるっとした食感が楽しめる。海老そばのほか、定番の八重山そばやソーキそばも人気。

☎0980-88-2329
所石垣市川平1216-602　時11:30～15:00（売り切れ次第終了）　休火・水曜、不定休　交離島ターミナルから車で30分　P8台

八重山そばとは? おいしい食べ方は?

カツオ節と豚骨のだしが効いたスープに細いストレートの丸麺を使うのが八重山そば。具は甘辛く煮た細切りの豚ばら肉と八重山かまぼこ、島ネギのトッピングが一般的だ。島唐辛子「コーレーグース」や島胡椒「ピパーツ」などで風味付けしていただくのもおいしい。

キミ食堂

キミしょくどう

中心部 **MAP** 付録P.7 D-3

キミおばぁの手作り味噌が自慢

おすすめは、自家製の味噌に島のフルーツなどを混ぜ込んだ秘伝のソースを使った味噌そばとピリ辛味噌そば。八重山そばや朝定食もあり。

☎0980-82-7897
🏠石垣市登野城319-6
🕐8:00～16:00(売り切れ次第終了、朝定食は～10:00)
🈁木曜　🚗離島ターミナルから車で5分
🅿向かいのマックスバリュ内に契約駐車場あり

⬆マックスバリュの真向いにある本店

ピリ辛味噌そば 800円
自家製味噌ともやしがたっぷりでボリューム満点。ピリ辛加減が絶妙なおいしさ。ピパーツもお店で手作りしている

⬆外にはウッドデッキ席、広い店内にはテーブル席とカウンターが

軟骨ソーキそば 950円
とろとろに煮た軟骨ソーキがどーんとのったそば。コラーゲンたっぷり。そばには、+150円でジューシーとおにぎりが付く

八重山そば名店セレクト

平良商店

たいらしょうてん

中心部 **MAP** 付録P.7 D-4

こだわりのだしを味わおう

八重山そば、三枚肉そば、野菜そばなど種類が豊富。だしは鶏、豚、カツオ、昆布を合わせてバランスの良い仕上がり。とんかつ定食やカツ丼、唐揚げ、チキン南蛮などのメニューも。

☎0980-87-0890
🏠石垣市登野城506
🕐11:30～14:00(LO)　🈁土・日曜、祝日
🚗離島ターミナルから徒歩10分
🅿5台

一休食堂

いっきゅうしょくどう

中心部 **MAP** 付録P.3 E-3

島の人が集う大衆食堂

地元客で毎日賑わう一休食堂。1978年の創業以来、味噌まで手作りするこだわりぶりの変わらぬ味が人気の秘密。牛そば、やぎそばなどのそばメニューのほか、カレーや丼ものなど大衆料理も揃う。

☎0980-82-1803
🏠石垣市石垣716-1　🕐11:00～17:00(売り切れ次第終了)　🈁月曜
🚗離島ターミナルから車で10分
🅿15台

⬆森林公園のバンナ公園に向かう途中にある

牛そば 700円
自家製味噌を使った牛そばは地元客の一番人気。隠し味にヤギの血を使ったやぎそばも一度試してみては

85

自然の恵みが詰まった
石垣島の味

美味なり。
島人情の皿

石垣島独自の味といっても過言ではない、
島の素材を生かした料理。
思わず笑みがこぼれるやさしい味を楽しみたい。

石垣島●食べる

ゆし豆腐セット 大 650円
サイズはこのほか小550円、特
750円、超1000円もある。豆乳
付きもうれしい

石垣島の朝ごはんは
ゆし豆腐の名店で

とうふの比嘉
とうふのひが

予約	不可
予算	Ⓛ450円〜

中心部 MAP 付録P.6 C-1

1949年創業の老舗豆腐屋。豆乳ににがりを
加え、固めずにやわらかさを保ったままの
「ゆし豆腐」は体にやさしい味。お好みで
味噌、醤油、塩でアレンジしても◎。朝6
時半から開いているので、泡盛を飲み過ぎ
た翌日の朝食にぴったり。

☎0980-82-4806
🏠石垣市石垣570
🕐6:30〜15:00(売り切れ次
第終了)
🈺日曜
🚗離島ターミナルから車で
10分
🅿約30台

❍サトウキビ畑に
囲まれた場所にあ
るとうふの比嘉。
赤い屋根が目印

先人の知恵を受け継いだ
八重山の伝統料理

八重山膳符 こっか〜ら
やえやまぜんぷ こっか〜ら

予約	要(前日まで)
予算	Ⓓ6600円〜

中心部 MAP 付録P.7 D-1

国指定重要文化財の宮良殿内に伝
わる献立書をもとに、八重山の伝
統料理を現代風にアレンジして提
供。オオタニワタリの新芽の炊き
合わせや島豚のラフティ(三枚肉)
など、素朴だが味わい深い料理を
落ち着いた空間で味わえる。

☎0980-88-8150
🏠石垣市大川839-1
🕐18:30〜22:00
🈺不定休
🚗離島ターミナルから
車で10分
🅿あり(5台)

❍❍八重山の伝統が感じられる店内(左)。❍6600円、8800円のコースがある。島の素材を使った料理は季節により変わる。
店は看板を上った高台にある赤瓦の家(右) 泡盛の古酒も取り揃えている(写真はイメージ)

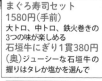

まぐろ寿司セット
1580円(手前)
大トロ、中トロ、鉄火巻きの3つの味が楽しめる
石垣牛にぎり1貫380円
(奥)ジューシーな石垣牛の握りはタレか塩かを選んで

石垣島でも珍しい料理が多数
島の人々や旅行者に長く愛される店

島料理居酒屋 あだん亭

しまりょうりいざかや あだんてい

予約 可
予算 Ⓓ3000円～

中心部 MAP 付録P.6 C-2

珍味のアダンやウムズナー(小ダコ)など、島ならではの素材をふんだんに使った料理が魅力。島の木材で作られた温かな店内は大将の手作り。

☎0980-83-5221
所石垣市大川430 営17:00～22:00(LO21:30) 休火・水曜 交離島ターミナルから車で10分 P13台

↑島の伝統や料理について、女将さんが親切に教えてくれる

フルーツパパイヤサラダ 880円
フルーツパパイヤ"石垣珊瑚"の濃厚な甘みと野菜やシークヮーサーのオリジナルドレッシングが相性抜群(左)
アダンの芽チャンプルー 980円
冠婚葬祭などで欠かせない島の伝統料理。たけのこのような食感がクセになる(右奥)
アーサー天ぷら 800円
採りたてを瞬間冷凍したアーサーが香り高い(右手前)

新鮮な魚介がいただける
予約必須の人気店

まぐろ専門居酒屋 ひとし 石敢當店

まぐろせんもんいざかや ひとし いしがんどうてん

予約 望ましい
予算 Ⓓ3000円～

中心部 MAP 付録P.9 F-2

石垣島近海で獲れた新鮮なマグロやさまざまな魚介類を、刺身や寿司、煮付けなどでいただける。「ネギまみれカツオ」や「生ウニソーメンチャンプルー」も人気。チャンプルーなどの島料理も豊富に揃う。

☎0980-88-5807
所石垣市大川197-1
営17:00～23:30(LOフード22:30 ドリンク23:00) 休不定休
交離島ターミナルから徒歩7分
P10台

↑3階まである広い店内。石敢當店のほか、本店も市街地にある

↑早い時間からいつもいっぱいの人気店なので予約がおすすめ

島唄ナイトスポット 島の音色とともに食事やお酒を楽しめるスポットはこちら。

三線ライブで毎夜大盛況

うさぎや 石垣本店

うさぎや いしがきほんてん

中心部 MAP 付録P.9 E-2

沖縄の民謡やポップスの三線ライブを1日2回開催。古民家風の店内で沖縄料理とともに、楽しい島時間を過ごせる。

☎0980-88-5014
所石垣市石垣1-1 中村ハイツ1F
営17:00～23:00(LOフード22:00 ドリンク22:30)/ライブ19:00～、21:00～※入れ替えあり、ライブスケジュールは要確認 休不定休 料ライブチャージ800円、テーブルチャージ300円
交離島ターミナルから徒歩10分 P5台

予約 望ましい
予算 Ⓓ3500円～

八重山文化を五感で堪能

郷土料理 舟蔵の里

きょうどりょうり ふなくらのさと

西部 MAP 付録P.3 E-4

約3000坪の敷地に8棟の古民家を移築。風情漂う赤瓦の郷土料理棟で、歌、三線や八重山舞踊、島料理が楽しめる。

☎0980-82-8108
所石垣市新川2468-1
営11:00～14:00 17:00～22:00(LO21:00)/※14:00～17:00は別棟が利用できる
※歌、三味線は18:30～20:30の間で不定期、中止の場合あり 休水曜
交離島ターミナルから車で10分
P30台

予約 望ましい
予算 Ⓓ5000円～

八重山民謡から島唄ポップスまで

芭蕉布

ばしょうふ

中心部 MAP 付録P.9 D-2

全国の島唄ライブで活躍する、鳩間ファミリー経営の民謡ライブ店。歌の合間のトークが会場をさらに盛り上げる。

☎0980-82-7765/090-3797-1211
所石垣市美崎町12-12
営20:00～翌1:00/ライブ21:00～、1日3回
休不定休 料2500円
交離島ターミナルから徒歩5分
Pなし

予約 可
予算 Ⓓ2500円～

爽やかな風が吹き抜ける南国のカフェタイム

島カフェの素敵な午後

豊かな自然、オーシャンビューと、
島の素材がおいしいデザートやドリンク。
南の島で出会う珍しい花や鳥に癒やされながら、
贅沢な時間を過ごしたい。

摘みたてのハーブの香りを
緑に包まれたカフェで楽しめる

GARDEN PANA
ガーデン パナ

西部 MAP 付録P.3 D-4

敷地内のガーデンで育つハーブをふんだんに使ったごはんやハーブティー、スイーツなどがいただける。ハーブを使ったオリジナル商品も豊富で、カフェ隣のストアで購入できる。ガーデンは自由に見学でき、たくさんの緑に囲まれてのんびり過ごせる。

1.ハーブガーデンの向こうには名蔵湾が見渡せる　2.朝摘みのハーブを使用した、ハーブたっぷりライスボウル1404円　3.ドライハーブやフルーツを量り売り　4.オリジナル商品も揃う　5.島野菜ごろごろスープ1404円には自家製フォカッチャも付く　6.ガーデンの散策も楽しめる　7.カフェでは庭を眺めながらくつろげる

☎0980-88-2364
所石垣市崎枝239-14　営9:00～17:00(ランチは売り切れ次第終了)　休不定休　交離島ターミナルから車で25分
P5台

↩島レモン、ゴーヤは1g各30円(左)。石垣島ブレンドハーブティー各1296円(右)

ナチュラルガーデンで味わう
贅沢なカフェタイム

Natural Garden Café PUFF PUFF

ナチュラルガーデン カフェ プカプカ

中心部 **MAP** 付録P.7 E-4

目の前に海が広がるガーデンで、時間を気にせずカフェタイムを過ごせる。沈む夕日を眺めながらビールを飲むのもいい。貸切での屋上バーベキューもおすすめ。

☎0980-88-7083
🏠石垣市真栄里193-1
🕐11:00〜20:00(LO19:30)
休無休(貸切時を除く) 交離島ターミナルから車で5分 P22台

1.店内奥には緑豊かなガーデンが広がる 2.自家製食べるオリーブオイル各1000円 3.テラスにはカウンターもある 4.トロピカルパフェ950円(左)。マンゴーパフェ1000円(右)

島の素材を生かした
オリジナルデザート

島野菜カフェ Re:Hellow Beach

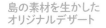

しまやさいカフェ リ:ハロウ ビーチ

中心部 **MAP** 付録P.7 E-4

農家などから直接仕入れた島野菜を使用。朝食に利用できるだけでなく、ほとんどのフードメニューはランチタイムを過ぎても注文できる。カフェタイムはホットコーヒーとホットフレーバーティーが飲み放題。

☎0980-87-0865
🏠石垣市真栄里192-2 🕐10:00〜20:00
休不定休 交離島ターミナルから車で5分
P20台

1.ゆし豆腐ワッフル"SPECIAL"1599円。季節の果実をふんだんにトッピング 2.海を見晴らせるテラス席もある 3.ゆったりしたスペースの席でのんびり過ごせる

川平湾を180度見渡せる
爽やかな風が吹くカフェ

R's Cafe

アールズ カフェ

川平 **MAP** 付録P.4 B-2

琉球真珠川平本店に併設。目の前にはミシュラン・グリーンガイドで3ツ星を獲得した川平湾や、原生林が残る於茂登連山が広がる。八重山そばや石垣島で人気の伊盛牧場「ミルミル」のジェラートもおすすめ。

☎0980-88-2288
(琉球真珠)
🏠石垣市川平934 🕐10:00
〜16:00(LO15:30) 休無休
交離島ターミナルから車で30分 P15台(琉球真珠の無料駐車場)

1.カビラブルーフラッペ 800円 2.店内ではWi-Fiも利用可 3.レアチーズケーキセット850円。コーヒーまたは紅茶付き。自家製のレアチーズケーキにはパッションシロップがたっぷり 4.風が心地よいウッドデッキテラス

トロピカル気分を満喫
南国スイーツでひとやすみ

太陽の光を存分に浴びた島の食材がたっぷりの、大人だって大好きなスイーツを召し上がれ。

↑白壁が映えるミルミル本舗 本店

石垣島 ●食べる

パノラマの海景色とジェラートが大人気

ミルミル本舗 本店
ミルミルほんぽ ほんてん

西部 **MAP** 付録P.3 E-4

本店は石垣島の海景色を一望できる高台にある。直営牧場のミルクを贅沢に使用した濃厚ジェラートが大人気！分厚いバディに挟まれたボリュームたっぷりのミルミルバーガー858円も絶品。

☎0980-87-0885
㊟石垣市新川1583-74　㊡無休
㊞10:00～19:00(変動あり)
㊚離島ターミナルから車で15分　Ｐ35台

**スペシャル
ぜんざい**
715円
沖縄風ぜんざいに黒糖シロップをかけて、さらに好きなジェラートをトッピング

**ジェラート
(ハーフ&ハーフ)**
495円
島バナナや紅芋、マンゴー、パインなど、素材の味がぎっしり詰まったジェラート

**さとうきびぜんざい
500円**
金時豆＋ふわふわの氷にさとうきびパウダーときな粉をかけて

**かき氷ミルク付き
ブルーハワイ
350円**
シロップを入れてから凍らせる氷はふわふわ。イチゴ味も

島の暑い夏には昔ながらの氷ぜんざい

石垣島冷菓
いしがきじまれいか

中心部 **MAP** 付録P.9 F-1

1995年創業の石垣島冷菓。昔ながらのぜんざいは、黒糖で甘く炊いた金時豆に、ふわふわの氷を山のようにのせた夏の定番。

☎0980-88-6077
㊟石垣市大川305
㊞12:00～17:30(10～4月は～16:00)　㊡日曜
㊚離島ターミナルから車で10分　Ｐ1台

**トロピカル
ミックスジュース
770円**
3層になった旬のフルーツが味わえる

**グァバシェイブ
アイス
660円**
自家栽培の香り高いグァバを使用したソースがたっぷり。練乳はお好みで

自家農園のグァバが人気庭でのんびりと味わう

光楽園
ひかりらくえん

中心部 **MAP** 付録P.3 E-3

畑の真ん中にある光楽園。自家栽培のグァバをメインに、ひんやりスイーツからマフィンなど、島のフルーツを使ったメニューがたくさん。緑に囲まれたお庭でのんびりできる。

☎0980-88-8731
㊟石垣市平得1535-16
㊞10:00～16:30(LO16:00)
㊡不定休　㊚離島ターミナルから車で20分
Ｐ20台

90

石垣島のフルーツミックス
750円
石垣島産のパイン、パパイヤ、パッションフルーツをたっぷり使用した贅沢メニュー

紅いもミックス 650円
島特産の糖度が高く自然な甘みの紅芋がたっぷり。上にのった紅芋チップも美味

地元の厳選食材で作る「大理石アイス」が美味!

ハウトゥリージェラート

中心部 **MAP** 付録P.9 E-2
石垣島産牛乳の濃厚なミルクソフトと、旬のフルーツをミックスしたアイススイーツが人気。トッピングは30種以上もあり、−20℃の大理石上で手早く混ぜて仕上げる。

☎0980-83-5452
所石垣市大川281
営11:00〜19:00(季節により変動あり) 休不定休(12・1月は冬期休業) 交離島ターミナルから車で4分 Pなし

揚げたて、さくさくのサーターアンダギー

さよこの店
さよこのみせ

中心部 **MAP** 付録P.9 F-2
沖縄のおやつの定番、砂糖天ぷら・サーターアンダギー。さまざまな味が開店時間から順番にできあがってくる。添加物を使用していないのがうれしい。

☎0980-83-6088
所石垣市登野城170
営10:00〜売り切れ次第終了
休日曜 交離島ターミナルから徒歩10分 P4台

よもぎ 100円
少し苦いイメージのよもぎも、いいアクセントになって◎

紅芋 100円
紫がきれいな紅芋。紅芋の甘みが広がるやさしい味

ニンジン 100円
島ニンジンを仕入れたときのみ販売されるレアなアンダギー

石垣島産
マンゴーパフェ
1300円※変動あり
7月中旬〜8月上旬までの夏期限定メニュー

→常時さまざまなケーキが並ぶ

厳選素材が自慢の人気ケーキ店

おかしの家
PAPIRU
おかしのいえ パピル

白保 **MAP** 付録P.3 F-2
八重山の原風景が色濃く残る白保集落にある人気ケーキ店。素材にこだわった多彩なケーキが並び、午前中に売り切れてしまうことも。イートインも可能。

☎050-3760-1622
所石垣市白保191-8
営10:00〜売り切れ次第閉店
休日・月曜
交離島ターミナルから車で20分
Pあり

絶景を眺めながらひんやりひと休み

のばれ岬観光農園
のばれみさきかんこうのうえん

北部 **MAP** 付録P.3 D-2
景勝地・野原崎にあるパイナップル農園内のカフェ。広い敷地で、ベンチからは絶景が一望できる。パイナップルを使ったスイーツはもちろん、フードやドリンクメニューも充実している。

☎0980-89-2744
所石垣市桃里165-395
営10:00〜16:00
休木曜 交離島ターミナルから車で30分 Pあり

パイゴロフロート
1300円
自家栽培のパイナップルをふんだんに使ったフロート

マンゴロフロート
1700円
マンゴージュースのフローズンマンゴーがたっぷり

→野原崎から青い海を一望できるのばれ岬観光農園

➲ 洋服やファッション雑貨も並ぶ（島で作った石けんとお茶のお店Avance）

日常使いにしたい逸品揃い!
心はずむ島雑貨

島独自の素材やモチーフなど、八重山の旅みやげにぴったりなアイテムが揃う。自分用にもお気に入りの作家作品を手に入れたい。

A 石垣島
ボディミルク
2500円

月桃の爽やかな香りでリラックス。天然素材で顔にも全身にも使えるミルク

A 石垣島の
アロマコロン
各1650円

石垣島の海をイメージしたオリジナルブレンド

A 島で作った石けんとお茶のお店
Avance
しまでつくったせっけんとおちゃのおみせ アバンセ
中心部 **MAP** 付録P.9 F-2

オリジナルの自然派コスメが豊富

石鹸やリップクリームなど、島の素材を使った、お店オリジナルのナチュラルコスメや、島内で作られるハーブティー、雑貨などがずらりと並ぶ。

☎0980-82-1003 ⏐石垣市大川198-8
⏰10:00〜日没 ㊡不定休
🚌離島ターミナルから徒歩7分 🅿なし

B タコノキのバッグ
8000〜1万6000円

石垣島の太陽をたっぷり浴びて育ったタコノキで作ったバッグ。丈夫で軽く、内側には防カビ効果のある柿渋塗装を施している

B コーングラス薄泡
3600円

琉球硝子のコーングラス。とじ込められた泡が石垣島の海を思わせる

Kayak 八重山工房
カヤック やえやまこうぼう
中心部 **MAP** 付録P.9 E-2

島に暮らす人々が育んだ品々

焼物や紅型雑貨などの伝統工芸品から、琉球ガラス、アクセサリー、Tシャツ、コスメまで、島に暮らす人たちが制作した上質な商品をオーナーが自らセレクト。

☎0980-87-5696 ⏐石垣市大川270-1
⏰10:00〜21:00 ㊡無休 🚌離島ターミナルから徒歩7分 🅿なし（近隣駐車場利用）

B そばマカイ
5280円

家族の繁栄を祈る唐草紋様と魚紋様を施した美しいマカイ（茶碗）

C 急須、湯呑みセット
7000円〜

南島焼を代表する柄のひとつ、ゴーヤがかわいらしく描かれた急須と湯呑み

C 南島焼
なんとうやき
川平 **MAP** 付録P.4 A-4

カラフルに彩られた島の生き物

川平の山奥で親子で営む焼物工房。描かれるのは色とりどりの島の生き物や食べ物など。焼物は、お皿や箸置き、ヘアゴム飾りなどいろいろな種類がある。

☎090-9780-3529 ⏐石垣市川平1218-263
⏰10:00〜18:00 ㊡不定休 🚌離島ターミナルから車で30分 🅿5台 ※来店時は事前に要電話

C マグカップ
2500円〜

真っ赤なきれいな鳥、アカショウビンが描かれたマグカップ。マグは形もさまざま

↑スタイリッシュな外観が印象的（shimaai）

E シルバーコーラルネックレス
8万8000円
サンゴがデザインされた存在感のあるネックレス。シンプルなデザインの洋服に

E K18ミンサー
ネックレス 5つ／4つ
6万500円／5万9400円
ミンサー模様がモチーフ。小さなダイヤがきらめく

E K18ミンサーリング 5つ／4つ
9万6800円／9万3500円
「いつの世までも仲睦まじく」という意味が込められている

F サガリバナ
錆釉碗
2800円
新石垣空港周辺で採れる鉱物を使用した茶碗。マットな質感が特徴

G ピクニックトート
1万4300円
使い込むほどに風合いが変わる帆布のバッグ。A4サイズも入る大きさ

G 木玉ブレスレット **4620円**
藍やフクギで染め上げたウッドビーズのブレスレット。経年変化が楽しめる。配色は好みでオーダーできる

E **ティーラアース**
中心部 **MAP** 付録P.9 E-3

島の自然がモチーフのジュエリー
八重山のサンゴ、亜熱帯の植物などをモチーフにしたジュエリーショップ。「いつ（五）の世（四）までも仲睦まじく」のミンサーの想いを込めたブライダルアイテムも。

☎0980-84-1507 ㊟石垣市美崎町3
㊙11:00〜19:00 ㊡水曜 ㊋離島ターミナルから徒歩5分 ㋕2台

F **さんぴん工房**
さんぴんこうぼう
中心部 **MAP** 付録P.9 E-2

焼物、布物、紙物を制作
陶器やカバン、手ぬぐい、ポストカードなどを制作する手作り工房。シロハラクイナやヤギ、シーサーなど、島の動植物をモチーフにしたかわいい作品がたくさん。

☎0980-83-1699 ㊟石垣市大川203-1
㊙11:00〜18:00 ㊡日曜 ㊋離島ターミナルから徒歩7分 ㋕なし

G **shimaai**
シマアイ
中心部 **MAP** 付録P.9 E-2

八重山藍の専門店
育てた藍で染め、手作業で丁寧に仕上げた服やストール、バッグ、アクセサリーなどの小物が揃う。藍の青とフクギの橙は、島の空と海と太陽をイメージしている。

☎0980-87-5580 ㊟石垣市大川205
㊙13:00〜19:00 ㊡不定休
㊋離島ターミナルから徒歩5分 ㋕なし

ユーグレナモールの楽しいおみやげ

石垣島で最も賑やかなお買い物ストリートのひとつ、アーケード商店街「ユーグレナモール」。島民の日常の食卓から、観光客向けのおみやげまでなんでも揃う。石垣島グルメが集まっているので食事にも便利。

石垣島●買う

星のちんすこう 648円
光楽園が製造販売。石垣島で見える星をイメージ。Sサイズ8個入り

島ハーブティー 各739円
「白保日曜市」から生まれた、昔から白保のおじい・おばぁに飲まれてきた薬草茶

あんまぁーのアンダーミシュ 834円
大泊食品が作る、米味噌と豚肉、シイタケを一緒にした、昔ながらのおかず味噌

石垣の塩 680円
栄養豊富な海水を原料とした塩。かわいい小箱入り

花織みんさ 1518円
伝統技法を用いた、みね屋工房のミンサー織の柄をプリントしたマスキングテープ(5個入り)

石垣島のにごり黒糖ジンジャーシロップ 1436円
カフェ「ハワイアン・グロット」のゆきさんオリジナル。黒糖は波照間産、しょうがは沖縄産のものを使用

島のおみやげが一堂に揃う

石垣市特産品販売センター
いしがきしとくさんひんはんばいセンター
中心部 **MAP** 付録P.9 E-2

地元がおすすめするおみやげがずらりと並ぶ。食品や雑貨、工芸品など、バリエーション豊か。

☎0980-88-8633 　所石垣市大川208
営10:00~19:00 　休不定休 　交離島ターミナルから徒歩5分 　P20台

明治時代から続く島の台所地元の食材を探しに

石垣市公設市場
いしがきしこうせついちば
中心部 **MAP** 付録P.9 E-2

ユーグレナモールの中にある3階建ての建物で、石垣島の特産品の販売と食堂を兼ねた巨大市場。

☎0980-88-8634 　所石垣市大川208
営9:00~19:00 　休第2・4日曜 　交離島ターミナルから徒歩5分 　Pなし

↑ユーグレナモールの中心にあり、店の外にもフルーツやおやつなどが並ぶ

石垣島から八重山諸島の各島へ

ユーグレナ石垣港離島ターミナル

中心部 **MAP** 付録P.9 D-3

ユーグレナいしがきこう
りとうターミナル

空港ターミナル1階にレンタカー案内所がある。離島ターミナルまでは車で所要35分ほど、駐車場は複数あるので安心だ。石垣島のタクシーは初乗り料金が500円と安価で利用しやすく、目安は2500円ほど。また、島内には路線バスも走っており、「空港線」に乗り「ターミナル」下車で所要45分、540円。15分間隔で運行しているのでとても便利。

石垣島とそのほかの離島をつなぐ船はここ「石垣港離島ターミナル」を基点に出航している。船会社や旅行代理店の窓口、食事処、石垣島の情報発信コーナーやショップなどが入っており、船の発着地としてだけでなく、お役立ちスポットとして活用したい施設だ。

☎なし **所**石垣市美崎町1 **料**船会社により異なる **休**無休 **交**新石垣空港から車で25分 **P**220台以上（専用駐車場か近隣駐車場利用）

⤵八重山諸島を巡る場合には必ず訪れることになるスポット

乗船券&ツアーの申込もここで！

安栄観光
あんえいかんこう
船会社　旅行会社

ほとんどの離島への定期航路があり、定期船のない離島へのツアーも用意。☎0980-83-0055 **営**6:00〜20:00 **休**無休

八重山観光フェリー
やえやまかんこうフェリー
船会社　旅行会社

ほとんどの離島への定期航路を運営。☎0980-82-5010 **営**6:30〜18:30（夏季は〜19:00） **休**無休

石垣島ドリーム観光
いしがきじまドリームかんこう
旅行会社

西表・由布・小浜・竹富の4島を周遊する離島観光や貸切船を運航。☎0980-84-3178 **営**7:00〜19:00 **休**無休

⤵出発前になにかと便利な施設だ

コインロッカー

待合ロビー内に4カ所設置されている。小型1日300円〜。また、船会社やツアー会社が荷物預かりサービスを行っているので、荷物が多い人も安心。1日300〜500円。

とぅもーるショップ

離島ターミナル内にあるショップ。弁当やドリンクのほか、日焼け止め、ゴムぞうりやTシャツなども揃っており、旅の必需品を手に入れられる。☎0980-88-1600 **営**6:30〜18:30 **休**不定休

フリーWi-Fiスポット

離島ターミナル待合ロビー内では公衆フリーWi-Fiが完備されている。待ち時間のちょっとした調べごとなどに使えて◎。

ATM

出発の前に手持ちのお金を確認しよう。石垣島以外の離島には銀行のATMはないので、出発前のお金の準備はここで万全にしておきたい。JAと沖縄銀行、セブン銀行のATMがある。利用時間は平日8:00〜21:00、土・日曜、祝日9:00〜20:00。

バス乗り場

中央口からすぐのところにバス乗り場があり、新石垣空港と離島ターミナルを結ぶ路線バスが発着している。離島ターミナルから徒歩1分のところには東運輸のバスターミナルがあり、新石垣空港行きのバスや観光バスが発着しているので、あわせてチェック。

駐車場

離島ターミナルの周辺には専用駐車場や近隣駐車場が複数ある。ターミナル前の第1駐車場と西側の第2駐車場2カ所が便利。第3駐車場は徒歩10分の距離。料金は1時間100円、以降30分ごとに50円加算。近隣にも有料の駐車場があるので、車利用者にとっては強い味方。

図書館 ● ○竹富町役場
蔵元駐車場（有料）
└新栄公園東駐車場（有料）
730記念碑
第2駐車場（有料）　第1駐車場（有料）
八重山博物館
八島第2駐車場（有料）
ユーグレナ石垣港離島ターミナル
専用駐車場　八島第1駐車場（有料）
周辺駐車場

ユーグレナモール　離島ターミナル

95

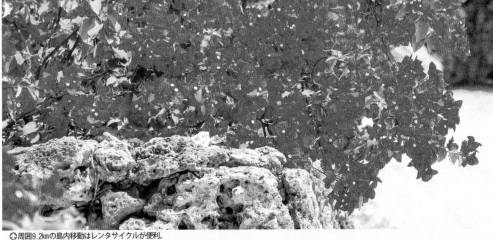

美しい八重山の原風景が残る

竹富島

たけとみじま

石垣島から高速船で15分、半日もあれば自転車でまわれる小さな島。昔ながらの街並みや伝統、文化が島の人々によって大切に守られている。

⤴周囲9.2kmの島内移動はレンタサイクルが便利。港に着いたら各店の無料送迎車を見つけよう

名物の水牛車や自転車で
のんびり散策するのがおすすめ

　赤瓦屋根の家、シーサー、サンゴの石垣が牧歌的な雰囲気を漂わせる集落が広がる光景は、昔ながらの街並みとして国の重要伝統的建造物群保存地区に指定されている。

　竹富島に初めて渡来し新里村を開いたとされる、伝承上の人物・タキンドゥンが島名の由来。六山のひとつである花城御嶽に祀られている。

　平坦な島なので自転車でも楽にまわれ、自分のペースで観光ができる。足をのばして西側の西桟橋、コンドイ浜、カイジ浜に向かえば、エメラルドグリーンの海が目の前に広がり、南国らしい景色に出会える。

竹富港

★ てぇどぅん かりゆし館 P.100

ACCESS起点
P.98 なごみの塔 ★
　　　　　　P.99
🚢 竹富港
★ 小城盛火番盛
🚌 竹富島ゆがふ館 P.100

集落

P.99 西桟橋 ★
★ 世持御嶽 P.98/P.101
竹富　　　🏣竹富局
P.98/P.101 安里屋クヤマ生誕の地 ★　　　　★ 竹富民芸館 P.100
　　　　　　　🏫竹富中
P.99 ニーランの神石 ★　　　竹富島　　★ 旧与那国家住宅 P.101
　　　　　　　伝統的建造物
　　　　　　　群保存地区
コンドイ浜　　　仲筋　★ 仲筋井戸 P.99
コンドイ岬
　　　P.29/P.99
コンドイ浜 ⤴
　　　　　　　　　竹富町
P.99 カイジ浜 ⤴
　　　　　　　　　　　🏨 星のや竹富島 P.35
• 蔵元跡　　　　　　　　🏖 アイヤル浜 P.99

放牧場

養殖池

お役立ちinformation

竹富島profile

人口:341人
面積:5.42km²

ブーゲンビリアが咲き誇る南国ならではの街並みは今もなお昔ながらの原風景を残す。国の重要伝統的建造物群保存地区に指定され、島民の力によって守り継がれている。

八重山諸島

与那国島　　　鳩間島　小浜
　　　　　　　　　　　石垣島
　　　　　西表島　　　島
　　　　　新城島　　竹富島
　　　波照間島　　黒島

島内の交通

小さな島なので徒歩やレンタサイクルで十分まわれるが、港や集落、ビーチなどの主要なスポット間は巡回バス(予約制)が運行している。

各エリア間のアクセス

集落 ── 自転車で5分 ── 竹富港
　　　　徒歩で15分
自転車で　　　　　　　自転車で
5分　　　　　　　　　10分
徒歩で　　　　　　　　徒歩で
15分　　コンドイビーチ　　30分

観光案内

港にパンフレットなどが置いてあるほか、港からすぐの「竹富島ゆがふ館」(P.100)でも情報が得られる。

問い合わせ先

観光案内
竹富町観光協会　　☎0980-82-5445

バス
竹富島交通バス観光　☎0980-85-2154

タクシー
友利タクシー　　　　☎080-2751-3229

水牛車観光
竹富観光センター ➡P.98

レンタサイクル
友利レンタサイクル㈱友利観光
MAP 付録P.10 C-4　　☎0980-85-2335
所竹富町竹富2186-8　営9:00〜17:00
休不定休(HPで要確認)
料レンタサイクル2時間1000円〜、1日2200円　交竹富港から無料送迎バスあり

丸八レンタサイクル
MAP 付録P.10 C-4　　　　☎なし
所竹富町竹富523
営8:30〜17:20　休不定休　料レンタサイクル2時間800円〜、1日2000円〜　交竹富港から無料送迎車あり

街歩きのポイント

赤瓦屋根の家が連なる牧歌的な集落をのんびりと歩く

水牛車やレンタサイクルに乗って島内を巡る

コンドイ浜や星砂で知られるカイジ浜でくつろぐ

⤴竹富島を代表する水牛車が走る風景。ガイドの案内も楽しい

竹富島からはがきを出す

竹富郵便局の窓口で風景印の消印を依頼すると、赤瓦屋根の家や星砂がデザインされた風景印を押してくれる。自分宛に送って旅の思い出に。
●竹富郵便局
島の雰囲気に合わせた石垣造りの外観が趣深い。
☎0980-85-2342　所竹富町竹富500　営9:00〜17:00　休土・日曜、祝日　交なごみの塔から徒歩4分

⤴はがきは郵便局や港の売店などで手に入る

ブーゲンビリアの道

ブーゲンビリアのみち

MAP 付録P.10 B-3

色鮮やかな南国の花、ブーゲンビリアが古民家の石垣からあふれるように咲き誇る。白砂の道とのコントラストが美しい。

⬆ 温厚な性格の水牛は愛嬌もたっぷり

表情豊かな"カビラブルー"に感動

水牛車で集落へ自転車でビーチへ

青い海、赤瓦屋根の古民家や咲き乱れる鮮やかな花など、離島ならではの光景が新鮮に映る。島時間に身を任せて過ごしてみたい。

なごみの塔

なごみのとう

MAP 付録P.10 B-3

集落のほぼ中心にある赤山丘の上に建つ4.5mの高さの塔。素朴なたたずまいで、登録有形文化財に指定されている。老朽化のため上ることはできない。

安里屋クヤマ生誕の地

あさとやクヤマせいたんのち

MAP 付録P.10 B-3　**➡P.101**

八重山の民謡『安里屋ユンタ』に登場する安里屋クヤマの家。

世持御嶽

よもちうたき

MAP 付録P.10 B-3

火の神と農耕の神を祀った場所。島で行われる種子取祭の舞台。**➡P.101**

水牛車で巡る竹富島　ガイドさんによる、ゆったりとした案内や三線の演奏も楽しめる。所要時間は30分。

竹富観光センター

たけとみかんこうセンター

集落の東側を中心に案内。赤瓦屋根の家々が並ぶ道や色鮮やかなブーゲンビリアの道などを通る。

MAP 付録P.10 B-3

☎0980-85-2998　🏠竹富町竹富441
🕘9:00～16:30(水牛車は～15:30)
❌無休(種子取祭は休)
💴水牛車3000円　🚶なごみの塔から徒歩3分、港への送迎あり

小城盛火番盛⬆
●世持御嶽 P.101
★竹富民芸館 P.100
なごみの塔
●ブーゲンビリアの道
ニーランの神石
安里屋クヤマ生誕の地 P.101
西塘御嶽
START&GOAL
竹富観光センター
仲筋井戸
⊗竹富中・小
水牛車ルート　竹富観光センター
N　100m

コンドイ浜
コンドイはま

MAP 付録P.10A-2　　→P.29

→P.29

島の南西部に位置し、透き通るような青い海と真っ白な砂浜が人気の美しいビーチ。波も穏やかな遠浅で、島唯一の海水浴場。

☎0980-82-5445(竹富町観光協会)
所竹富町竹富　交なごみの塔から徒歩15分

⬆中心部から歩くと15分ほどかかるので自転車が便利

西桟橋
にしさんばし

MAP 付録P.10A-3

かつて西表島からの荷下ろしをする港として使われていた。現在は夕日や星空を眺めるスポットとして有名に。国の有形文化財に登録されている。

☎0980-82-5445(竹富町観光協会)
所竹富町竹富　交なごみの塔から徒歩8分

⬆夕暮れどきは多くの人が集まる

アイヤル浜
アイヤルはま

MAP 付録P.10C-2

静かな海を眺めたい人におすすめの砂浜。手つかずの竹富の海を感じられる。遊泳は禁止。

☎0980-82-5445(竹富町観光協会)
所竹富町竹富　交なごみの塔から自転車で15分

カイジ浜
カイジはま

MAP 付録P.10A-2

「星砂の浜」とも呼ばれ、かわいらしい星形の砂が堆積する。遊泳は禁止。

☎0980-82-5445(竹富町観光協会)　所竹富町竹富
交なごみの塔から自転車で10分

⬆きれいに星形をしている星の砂

足をのばして訪れたい

ほかにも島のあちこちに見どころが点在する。

仲筋井戸
なーじかー

MAP 付録P.10B-4

かつての貴重な水源地
日照りが続くある日、仲筋村の犬が尾を濡らしていたため発見されたという井戸。

⬆正月の若水などに使用する

☎0980-82-5445(竹富町観光協会)
所竹富町竹富
交なごみの塔から徒歩10分

小城盛火番盛
くすくむいひばんむい

MAP 付録P.10B-3

海上を監視した高台
昔、海上を行き来する船を監視し、石垣島の蔵元に通報するために烽火を上げた跡地。

⬆世持御嶽の北にある

☎0980-82-5445(竹富町観光協会)
所竹富町竹富
交なごみの塔から徒歩5分

ニーランの神石
ニーランのかみいし

MAP 付録P.10A-1

伝説が残る神秘の石
八重山に五穀豊穣をもたらした神が最初に上陸した地。島民にとって神聖な石。

⬆今でも神事に使われる

☎0980-82-5445(竹富町観光協会)
所竹富町竹富
交なごみの塔から徒歩10分

↑竹富島をより深く知ることができる写真パネルや展示物が並ぶ

西表石垣国立公園内にある ビジターセンター

竹富島ゆがふ館
たけとみじまゆがふかん
MAP 付録P.10 B-1

島の歴史や伝統文化に関する資料を展示する施設。島と人と自然との関係をわかりやすく紹介。島めぐり前の予備知識を学ぶ場所としておすすめ。

☎0980-85-2488 所竹富町竹富2350 時8:00～17:00 休無休(台風時は休) 料無料 交竹富港から徒歩1分 ◆港に隣接し、緑に囲まれた敷地にたたずむ赤瓦屋根の建物

固有の歴史は固有の文化を育んだ

伝統文化と暮らしを体験

島には歴史、文化、伝統工芸などの資料の展示や作業風景を見学できる施設が点在する。散策の途中で立ち寄ってみたい。

島の伝統を伝え続ける

竹富民芸館
たけとみみんげいかん
MAP 付録P.10 B-3

竹富島の伝統的な織物、ミンサー織や八重山上布などを紹介。実際の作業工程を見学できる共同作業所と展示室に分かれている。

☎0980-85-2302 所竹富町竹富381-4 時9:00～12:00 13:00～17:00 休無休(種子取祭は休) 料無料 交なごみの塔から徒歩3分

港併設の便利な待合室

てぇどぅん かりゆし館
てぇどぅん かりゆしかん
MAP 付録P.10 B-1

観光案内所からトイレ、ロッカーまである便利な施設。船が来るのを待つ間におみやげを買うこともできる。

☎0980-84-5633 所竹富町竹富 時7:30～17:50 休船舶欠航時、種子取祭 交竹富港からすぐ

↑島に関係した商品が並ぶ、こだわりのおみやげコーナー

←→ 島に伝わる柄の手ぬぐい各1200円(上)。島胡椒、ぴーやしの香辛料648円～(下)

↑機(はた)織り機が並ぶ共同作業所では慣れた手つきで機を織る島民の姿が

↑昔と変わらぬ手法で織られている

100

沖縄離島の歴史と文化を学ぶ
旧与那国家住宅
きゅうよなぐにけじゅうたく
MAP 付録 P.10 C-4

1913年に建設され、前与那国屋という屋号で呼ばれる住宅。主屋と台所が別の棟になっている、沖縄地方の伝統的な間取り。

☎0980-82-5445(竹富町観光協会) 所竹富町竹富536
開休料見学自由(外観のみ) 交なごみの塔から徒歩10分

↑現在も居住者がいるため、外観の見学のみ可能

↑住人のいる民家なので、見学は外観のみ

歌にまでなった女性の生家
安里屋クヤマ生誕の地
あさとやクヤマせいたんのち
MAP 付録 P.10 B-3

八重山諸島を代表する民謡『安里屋ユンタ』に登場する女性、安里屋クヤマの生家。島でいちばんといわれるほどの美女だったという。

☎0980-82-5445(竹富町観光協会) 所竹富町竹富342
開休料見学自由(外観のみ) 交なごみの塔から徒歩3分

島で歌い継がれる民謡『安里屋ユンタ』

竹富島に出張に来た島役人の求愛を拒絶する気丈なクヤマの様子が歌となっている。当時の時代背景や島の状況からすると勇気のいる行動だ。

↑世に最も知られている八重山民謡のひとつ

島の祭りもチェック

種子取祭
たなどうい
MAP 付録 P.10 B-3
古来の儀式を継承
島の豊作を祈願した島内最大の祭り。開始から7日目と8日目のみ、伝統的な奉納芸能が行われる。1977年に国の重要無形民族文化財に指定された。

↑五穀豊穣をもたらす神として崇められているミルク神
↑伝統衣装をまとった島民が舞踊や狂言を奉納する

世持御嶽
よもちうたき
MAP 付録 P.10 B-3
祭りの舞台となる聖地
火の神と農耕の神を祀る神聖な場所。ここは竹富島最大の祭り、種子取祭の中心地で、毎年伝統芸能が奉納される。

☎0980-82-5445(竹富町観光協会)
所竹富町竹富 開休料見学自由
交なごみの塔から徒歩3分

←もともとは琉球時代の村番所跡地

↑ミルク神のお面が収められている建物

食べる

南国ムード漂う空間で
ゆったり過ごす贅沢なひととき

琉球松などの県産木製インテリアが漆喰の白壁とマッチしたIsland Cafe ちろりん村の店内

島ごはん&ゆるりカフェ

美しい海で遊んだあとは、のんびりと時間が流れる静かなお店でひと休み。
自慢の食材を使った島料理や、新鮮なフルーツを使ったスイーツをいただきます。

リラックスした島気分が味わえる
集落の静かな南国カフェ

Island Cafe ちろりん村
アイランドカフェ ちろりんむら

☎0980-85-2007
🏠竹富町竹富653
🕐10:00〜24:00(LO23:00)
🈳無休 🚌なごみの塔から徒歩10分 🅿なし

MAP 付録P.10 B-2

風が吹き抜ける開放感のある店内でおいしいフード&ドリンクがいただける。石垣産フルーツを贅沢に使った果実100%スムージーを中心に、ビールやカクテルなどのアルコール類も充実。スタイルに合わせたひとときが楽しめる。

1. 八重山そばを使った島のあぶらそば1000円
2. ウッドテラスやガーデンテラスもある

幅広いメニューが魅力
琉球家屋のレストラン

お食事処 かにふ
おしょくじどころ かにふ

☎0980-85-2311
🏠竹富町竹富494
🕐11:00〜15:30(LO15:00)
17:30〜20:00(LO19:30) ※時期により変動あり 🈳不定休(HPで要確認) 🚌なごみの塔から徒歩10分 🅿なし

MAP 付録P.10 C-3

赤瓦屋根の大型レストラン。牛、豚、エビ、野菜など、こだわりの食材を使った料理が並ぶ。沖縄料理から洋食まで揃い、幅広い客層から人気がある。

1. ベジタブルセット1350円(奥)と、八重山そば900円(手前)
2. 幾重にも重なる天井の梁が迫力満点
3. 竹富島観光センターの水牛車乗り場近くにある

赤瓦屋根の集落を見渡せる
島で唯一の展望カフェ

HaaYa nagomi-cafe
ハーヤ ナゴミ カフェ

MAP 付録P.10 B-3
2階建ての建築物が少ない竹富島で集落の眺望を楽しみながらくつろげる癒やし系カフェ。タコライスや八重山そばなどの軽食を中心に、スイーツやドリンクが充実している。

☎0980-85-2253
🏠竹富町竹富379 2F 🕐10:30〜17:00
🈺不定休
🚶なごみの塔から徒歩1分 🅿なし

1.窓の外には赤瓦の竹富らしい風景が広がる 2.もともとは民宿だったスペースをセンスよく活用したオシャレな店内 3.なごみの塔の真裏にあり、かわいらしい看板が目印 4.タコライス900円、マンゴーアイスパフェ900円。かき氷などのサイドメニューも豊富

1.八重山そば800円。限定じゅーレーセットは1100円 2.デイゴの木に囲まれたテラス席 3.歴史を感じる素朴な店内 4.西桟橋に行く途中にある。暖簾が掛かっていればオープンの合図

創業40年余。変わらぬ味が評判
一度は食べたい老舗そば

そば処 竹乃子
そばどころたけのこ

MAP 付録P.10 B-3
あっさりなのにコクがあるスープに独特の丸麺が絶妙に絡む八重山そばが看板メニュー。八重山そばの麺を使った焼きそば1000円やラフテー丼1500円なども隠れた人気メニュー。昼どきは混雑するので避けよう。

☎0980-85-2251
🏠竹富町竹富101-1 🕐10:30〜15:00(LO)
18:30〜(夜は不定期オープン、要問い合わせ) 🈺不定休 🚶なごみの塔から徒歩5分
🅿なし

手つかずの自然が残るネイチャーアイランド

西表島

いりおもてじま

大部分がジャングルに覆われ、希少な野生生物が
生息する島。自然体験ツアーが充実しているので
大自然の素晴らしさを実感したい。

西表島西部の玄関口

上原港周辺

うえはらこう

石垣島からの船のほか、鳩間島行きの定期船が運航する
西側の玄関口。マングローブが生い茂る浦内川もこの周
辺に流れ出る。北のほうにはトゥドゥマリの浜や星砂の浜
などがある。

観光のポイント
浦内川、トゥドゥマリの浜、
星砂の浜、鳩間島、バラス島

➡マングローブの森でジャングルを楽しんだあとは星砂の浜を散策

西表島東部の玄関口

大原港周辺

おおはらこう

石垣島からの船が到着する。西部の上原港が欠航時も、
大原港行きは出航することが多い。その際には上原から
大原までの無料送迎バスが運行する。仲間川のマング
ローブ遊覧は大原港が近い。

観光のポイント
仲間川、サキシマスオ
ウノキ、南風見田の浜

➡日本最大級のサキシマスオウノキ。樹齢400年と推定され、森の巨人と呼ばれる

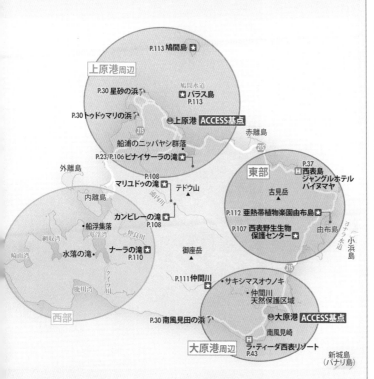

上原港周辺

P.113 鳩間島 ★

鳩間水道

★ バラス島
P.113

P.30 星砂の浜

P.30 トゥドゥマリの浜

★上原港 ACCESS基点

赤離島

215

船浦のニッパヤシ群落

P.23/P.106 ピナイサーラの滝 ★

外離島

P.108
マリユドゥの滝 ★

テドウ山 ▲

内離島

・船浮集落

海浮浦

浦内川

215

東部

P.37
★西表島
ジャングルホテル
パイヌマヤ

古見岳

P.112 亜熱帯植物楽園由布島 ★

P.107 西表野生生物
保護センター ★

由布島 ★

ヨナラ水道

カンピレーの滝 ★
P.108

袋取湾

仲良川

小浜島

水落の滝・

ナーラの滝 ★
P.110

御座岳 ▲

網取湾

クイラ川

鹿川湾

P.111 仲間川 ★ ・サキシマスオウノキ

・仲間川
天然保護区域

西部

P.30 南風見田の浜

★大原港 ACCESS基点

南風見崎

大原港周辺

★ ラ・ティーダ西表リゾート
P.43

新城島
(パナリ島)

お役立ちinformation

西表島profile

人口:2427人
面積:289.62㎢

マングローブなどの熱帯雨林が広がる島。イリオモテヤマネコをはじめとする固有の動植物が生息し、「東洋のガラパゴス」と呼ばれるほど。カヌーや遊覧船によるジャングルクルーズから、シュノーケリングなどのアクティビティが充実。

八重山諸島

与那国島　鳩間島　小浜島　石垣島
西表島
新城島　竹富島
波照間島　黒島

石垣島からのアクセス

高速船・車

石垣港離島ターミナル

⏱高速船 45～50分　⏱高速船 40～45分

上原港周辺　　　　大原港周辺

⏱県道215号経由　　⏱県道215号経由
30分　　　　　　　30分

東部　　　　　　　西部

各エリア間のアクセス

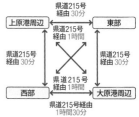

　　　　　　県道215号
　　　　　　経由 30分
上原港周辺 ━━━━━━ 東部

県道215号　　県道215号
経由 1時間

県道215号　　　　　　県道215号
経由 30分　　　　　　経由 30分

　　　　　　県道215号
　　　　　　経由 1時間
西部 ━━━━━━ 大原港周辺

　　　　県道215号経由
　　　　1時間30分

問い合わせ先

観光案内
竹富町観光協会　　☎0980-82-5445
竹富町商工観光課　☎0980-82-6191

バス
西表島交通　　　　☎0980-85-5305

レンタカー
オリックスレンタカー 西表島大原店
　　　　　　　　　　☎0980-85-5888
やまねこレンタカー 大原営業所
　　　　　　　　　　☎0980-85-5111

タクシー
いりおもて観光　　☎0980-85-5333
やまねこタクシー　☎0980-85-5303

主なエリアと人気スポット

プライベート感があふれる
西部

せいぶ

定期船に乗って行く船浮集落は徒歩30分ほどで一周できる広さ。ナーラの滝、水落の滝など雄大な自然を堪能できるスポットや、やさしく波の打ち寄せるイダの浜をのんびり楽しみたい。

観光のポイント
水落の滝、ナーラの滝、
船浮集落、イダの浜

⬆ 船浮集落へは白浜港から定期船で10分。水落の滝へはツアーで

亜熱帯らしい施設へ
東部

とうぶ

西表島の動植物を観察できる施設がある。水牛車で海峡を渡る由布島では亜熱帯植物が観察でき、西表野生生物保護センターではイリオモテヤマネコをはじめとする固有動物の生態が学べる。

観光のポイント
亜熱帯植物楽園由布島、
西表野生生物保護センター

⬆ 由布島に水牛車で渡ると、南国の植物や昆虫を観察できる

⮕滝上からは鳩間島やバラス島を見渡す絶景が広がる

西表島 ● 遊ぶ

マングローブやジャングルを抜け 沖縄県最長の滝へ

西表の自然を遊ぶ

ピナイサーラの滝 カヌー&トレッキング

落差約55m、沖縄県最長の滝、ピナイサーラ。
苦労して到着した滝上からの絶景は感動もの。

　西表島の名勝・ピナイサーラの滝を目指すツアー。マングローブの森をカヌーでゆっくり進んだあとは、約50分のジャングルトレッキング。滝上からは壮大な眺めが待ち受ける。ランチ後は滝つぼでクールダウン。小学4年生から参加できるのでファミリーで楽しめる。

⬆マングローブカヌーで上流へ

⬆トレッキング中には大木も

ピナイサーラの滝（滝つぼ&滝うえ）コース

マングローブカヌーとトレッキングで大自然をまるごと楽しめるいち押しツアー。ていねいなガイドが付くので初心者も安心。

🈸1万3000円　営業通年（軽い雨天なら決行）　所要7時間30分
予約Web（https://kazaguruma-iriomote.jp/）で要予約
参加条件小学4年生以上
●ツアーに含まれるもの　昼食、お茶菓子、装備・器材（専用シューズ、2名につきリュックサック1つ程度、防水バッグ、ライフジャケット、カヌー）、ガイド、送迎

西表島カヌーツアー風車　上原港周辺 MAP 付録P.12 C-2
いりおもてじまカヌーツアーかざぐるま
☎090-8915-0931
所竹富町上原521　営10:00～20:00　休不定休　交上原港から車で3分（無料送迎あり）　P5台

ツアー参加の Q&A

Q 参加するときの服装と持ち物は？

A 滑りやすい岩場を歩くので無料レンタルの専用シューズを利用しよう。暑い日は滝つぼで遊ぶので、水着を用意しておくと良い。蚊などが出る日もあるので、服装は薄手の長袖がおすすめ。亜熱帯ジャングルは蒸し暑く汗をかきやすい。熱中症対策のために飲み物を必ず持参したい。

Q 悪天候の場合は？

A 雨天などでやむなく中止、またはコースを変更する場合は前日までに連絡をくれる。

Q 石垣島から日帰りの場合、行き帰りはどうするの？

A 集合は上原港。フェリーの時刻は時期により異なるので予約時に確認を。上原港行きが欠航の場合はフェリー会社が大原港から上原港まで臨時バスを用意してくれる。

↷滝つぼからの眺めに達成感もひとしお。記念写真も忘れずに

こんな生き物に出会えます

サキシマキノボリトカゲ
森林に生息し、木登りが得意。オスは緑や褐色、メスは緑褐色だ

サガリバナ
夜に咲き始め、朝には散ってしまう花。甘い香りが特徴的

リュウキュウアサギマダラ
青い紋様が美しい蝶。冬には集団で越冬している姿を見ることもある

西表島の生態系を知るには

西表野生生物保護センター

いりおもてやせいせいぶつほごセンター

東部 MAP 付録P.13 E-3

特別天然記念物イリオモテヤマネコを中心に、島の自然や生き物に関する展示・資料が豊富な無料施設。

☎0980-85-5581 ㈥竹富町古見(番地なし) ㈮10:00〜17:00 ㈯月曜(祝日の場合は翌日休)、6月23日 ㈫大原港から車で20分 Ⓟ10台

↑イリオモテヤマネコ。センターでは貴重な剥製を展示

↪体験型の展示で楽しく学べる

写真提供:環境省西表野生生物保護センター

SCHEDULE 　所要7時間30分

8:15 上原港や宿泊先にてピックアップ。荷物はお店に預けられる。

9:10 まずはカヌーの漕ぎ方を練習。準備ができたら約45分のマングローブカヌーのスタート!

10:00 カヌーを降り、滝上を目指して約50分のトレッキング。途中、サキシマスオウノキ群落など亜熱帯植物にも出会える。

11:10 ピナイサーラの滝上に到着!鳩間島やバラス島を見渡せる絶景を見ながら、特製ランチをほおばろう。お腹を満たしたら滝つぼに出発。

↪ランチは現地で調理する八重山そば。手作りお茶菓子も人気

12:30 滝つぼに到着。夏場なら滝つぼで水遊びが楽しめる。

↪マイナスイオンたっぷりの滝つぼで水遊び

14:00 行きと同様のルートを戻りスタート地点へ。到着は15:30頃。

ジャングルクルーズと徒歩で向かう

森に眠る神々の滝

↑遊覧船から見るマングローブは壮観

↓神が座る場所という意味のカンビレーの滝。ダイナミックな光景が広がる

西表島●遊ぶ

マリユドゥ・カンビレーの滝 トレッキング

沖縄県最大の河川、浦内川を遊覧船で遡り、密林をトレッキング。
太古から変わらぬ2つの聖なる滝に出会うエコツアー。

マングローブが生い茂る浦内川。遊覧船でのジャングルクルーズを楽しんだあとは、上流の船着き場から整備された山道をトレッキング。密林を30分ほど歩くと、雄大なマリユドゥの滝が姿を見せる。さらに15分ほど歩くと神々が集まるとされる神聖な滝、カンビレーの滝が現れる。

マリユドゥ・カンビレーの滝

遊覧船とトレッキングで2つの滝へ向かうジャングルクルーズコースが人気。ほかにも亜熱帯を感じる魅力的なツアーが揃う。

🈯3000円、小学生1500円 🈺通年
🈪3時間 🈡不要 🈴なし
●ツアーに含まれるもの 乗船料
🈺浦内川下流船着き場（駐車場あり）

浦内川観光 上原港周辺 MAP 付録P.12 C-2
うらうちかわかんこう
☎0980-85-6154
所竹富町上原870-3 営8:30〜16:30（電話受付）
休無休 交上原港から車で15分
P なし（船着き場の無料駐車場利用）

↑シダ植物がジャングル気分を盛り上げてくれる山道
↑展望台から見るマリユドゥの滝。日本の滝100選にも選ばれ、県を代表する滝

ツアー参加のQ&A

Q 参加するときの服装と持ち物は?
A 蚊がいるので薄手の長袖があると安心。自動販売機はないので必ず飲み物を持参しよう。

Q 悪天候の場合は?
A 天候や水位によりやむなく中止になることも。予約不要のツアーのため、各自で判断しよう。

Q 石垣島から日帰りの場合、行き帰りはどうするの?
A 上原港到着後、レンタカーもしくは安栄観光が運行する無料送迎バスを利用。路線バスを利用する場合は時刻表を確認しよう。

SCHEDULE 所要3時間

※遊覧船の定期便は9:00、10:00、11:00、14:00発の1日4便

8:50 出発時刻に余裕をもって浦内川下流船着き場へ。チケット販売所でチケットを購入。9:00出航、約30分の遊覧船観光を楽しもう。

↓浦内橋のすぐ近くにある船着き場。チケットもここで

9:30 上流の船着き場に到着。船を下りて滝を目指して約45分のトレッキング開始。山道は亜熱帯特有の珍しい動植物に出会えるチャンス!

↑上流船着き場近くの休憩所。この先トイレはないので注意

10:15 マリユドゥの滝、さらに15分歩くとカンビレーの滝へ。平坦なカンビレーの滝は散策にうってつけ。滝を満喫したあとは来た道を戻って上流船着き場へ。

11:30 上流の船着き場に到着。帰りも遊覧船でのんびり。

12:00 下流船着き場にて解散。帰りのバスはあらかじめ調べておこう。

幻想的な雰囲気に酔いしれる
初夏の西表島の大人気ツアー

夏の夜に咲く神秘の花

期間限定 サガリバナ観賞

ほのかにピンクがかったサガリバナが水面を覆い尽くす光景も美しい

「幸運が訪れる」という花言葉を持つサガリバナを求めて夜明け前のジャングルを進む。
朝には散ってしまう、その美しい姿は見逃せない。

6～7月にかけて開花時期を迎えるサガリバナの観賞ツアー。まだ暗いうちからカヤックで漕ぎ出し、明るくなり始めると同時に観賞開始。あたり一帯にはサガリバナの甘い香りが漂い、しんとした空気のなか花が水面に落ちる音が響く。目と耳を研ぎ澄まし、はかない美しさを心に焼き付けたい。

↪ジャングルの中を静かに進むカヤック

↪夜明け前、水面に落ちる前のサガリバナ

► SCHEDULE ◄

所要4時間

4:00 宿泊先から送迎。時間的にフェリーがないので石垣島からの日帰りはできない。

5:00 カヤックの講習を受け、夜明け前に出発。下流域では夜光虫が見られることも。途中、おにぎりで腹ごしらえ。

↪夜が明ける前、静けさのなかをカヤックで進む

6:00 あたりが明るくなり始めたらお花見スタート。日が昇るとともにサガリバナが水面に落ち、幻想的な光景が広がる。

7:00 行きと同様のルートをカヤックで戻る。宿に着くのは朝8時頃になる。

ツアー参加の Q&A

Q 参加するときの服装と持ち物は?

A カヤックで川に入るので、濡れてもよい服装で参加しよう。水分補給用の飲み物と、カメラも忘れずに。

サガリバナ観賞コース

午前4時に集合し、早朝のジャングルや咲き誇るサガリバナを満喫できるツアー。おにぎり付きなのもうれしい。

料 8000円、小学生7000円、幼児3000円
催行 6月後半～7月後半
所要 4時間（早朝4:00～）予約 前日20時までに電話／Web（www.summer-chamer.jp）から要予約 参加条件 特になし。障害のある方、注意すべき病歴のある方、妊婦の方は予約時に連絡
●ツアーに含まれるもの 防水バッグ・グローブ・ライフジャケット、おにぎり、送迎

summer ちゃまー

サマーちゃまー

上原港周辺 MAP 付録P.14 C-2

☎ 090-8836-8281
所 竹富町上原570-2 営 8:00～20:00(電話受付)
休 無休 交 上原港から徒歩2分 P なし

109

幻の滝を目指す

ひっそりとたたずむ西表の秘密の場所へ

ナーラの滝 シーカヤック&トレッキング

西表島で一番美しいコースをシーカヤック
で思いっきり満喫できる

西表島 ● 遊ぶ

シーカヤックを漕いで幻の滝へ
片道2時間30分の冒険へ出かけよう!

　幻の滝と呼ばれるナーラの滝を目指す。シーカヤックに乗り、マングローブの生い茂る雄大な川「仲良川(なからがわ)」を約2時間かけて漕ぎ進み、川の上流からジャングル地帯を登山(約20分)。ナーラの滝壺は、非常に大きく深いので、水しぶきを浴びながら泳ぐのはもちろん、飛び込みや滝に打たれることもできる。

↑ナーラの滝ではランチを食べたり、滝に打たれたり、自由に過ごそう

↑ナーラの滝は陸路で行かれないため、訪れる人も少ない島屈指の秘境

ナーラの滝 シーカヤック&トレッキング

シーカヤックを約4時間漕ぐので、体力に自信がある人やカヌー経験者におすすめ。かなりハードだが、マイナスイオンで回復!

●料 1万2000円　●営 通年　●所要 8時間
●予約 前日18時までに電話／Webで要予約　●参加条件 中学生以上
●ツアーに含まれるもの　ガイド、ランチ、おやつ、ドリンク、靴、リュック、防水ボックス、カッパ、カヌーレンタル一式、傷害保険

西表島ツアーガイド マリウド

いりおもてツアーガイド マリウド
上原港周辺 **MAP** 付録 P.12 C-2

☎ 0980-85-6578
●所 竹富町上原984-14　●営 8:00～21:00(電話受付)
●休 無休　●交 上原港から車で3分　●P あり

● SCHEDULE ●

所要8時間

9:00 ホテルや上原港から送迎車で民宿マリウドへ。

10:00 白浜港に到着。ここから約2時間のシーカヤックスタート!

↑マングローブの生い茂る川をシーカヤックで進む

12:00 トレッキングスタート。川のせせらぎを聴きながら歩く。

12:30 ナーラの滝に到着。マイナスイオンをたっぷり浴びよう。

13:00 滝のそばでランチタイム。自慢の手作りランチが絶品と好評。

↑ランチでエネルギーチャージ

13:30 トレッキング&シーカヤックで行きのコースを戻る。

17:00 民宿マリウド着。ホテルや上原港まで送迎してくれる。

ツアー参加の Q&A

Q 参加するときの服装と持ち物は?

A 夏は半袖でもかまわないが、UVカット効果のある長袖があると便利。トレッキングもあるので歩きやすい運動靴で。帰りの着替えも持っていこう。そのほか日焼け止めやタオル、サングラス、寒い日はウインドブレーカーがあるとよい。滝壺で泳ぎたいなら水着も持参しよう。

Q 悪天候の場合は?

A 潮の干満や天候の具合でやむなく中止することもある。中止の場合は、前日の18時までに連絡してくれる。

Q 石垣島から日帰りの場合、行き帰りはどうするの?

A 行きは7:10発上原行き、帰りは17:30発石垣行きの便を利用する(ともに「安栄観光」)。港まではスタッフが送迎してくれる。

日本最大のマングローブ
原生林を船で進む

マングローブの森を見る

仲間川マングローブクルーズ
（なか ま がわ）

↑クルーズ船はマングローブのすぐ近く
まで近寄るので間近に見ることができる

**クルーズ船でマングローブジャングルを抜け、
樹齢400年の神秘の巨木に会いに行く。**

　日本最大のマングローブ原生林が広がる仲間川流域を
専用クルーズ船で遡り、間近でマングローブを見学できる
ツアー。満潮時は上流にある推定樹齢400年のサキシマ
スオウノキを見学できるコースも。クルーズ中にたくさん
の亜熱帯特有の動植物に出会える、見どころいっぱいの
お手軽ジャングルツアーだ。

※運行時間はHPで要確認

↑日本最大級の大きさのサキシマスオウノキ

→ SCHEDULE ←

所要1時間10〜30分

時間に余裕をもって大原港へ。「西表島
観光案内所」でチケットを購入。

↑大原港に
停泊してい
るクルーズ
船に乗船

↓

港を出発し、仲間川をのんびりクルーズ。
途中からマングローブが増えてくる。

↓

サキシマスオウノキコースの場合は途中
で船から下り、少し歩くとサキシマスオウ
ノキを見学できる。見学後、港に向けて
出発。

↑八重山に
のみ自生す
るヤエヤマ
ヤシ群落

↓

大原港に到着、解散。

ツアー参加の Q&A

Q 悪天候の場合は？

A 潮の干満や天候などにより、中止や中断の
場合がある。詳細はHPで確認しよう。

Q 石垣島から日帰りの場合、
行き帰りはどうするの？

A 大原港行きの船に乗ろう。クルーズ出発時
刻の10分前には着いておきたい。

仲間川マングローブクルーズ

サキシマスオウノキに行くコースは満潮前後
の時間のみ催行。

料 マングローブコース2500円、子供1250円（小
学生）、サキシマスオウノキコース3500円、子供
1750円（小学生） 催行 通年 所要 1時間10〜30分（コースにより異なる）
予約 不要 参加条件 なし
●ツアーに含まれるもの　乗船料

西表島交通 大原港周辺 MAP 付録P.13 D-4
（いりおもてじまこうつう）

☎0980-85-5304
所 竹富町南風見201-109 営 9:00〜16:30（電話受
付） 休 無休 交 大原港からツアーに出発 P 6台

↑日本最大級の大きさのサキシマスオウノキ

↑独特の呼吸根
（根っこ）を持つ
マングローブ

↑横揺れの少な
いクルーズ船で
仲間川を約6.5km
遡る

水牛に引かれ、ゆるゆると時が流れる南の島

水牛車に揺られ由布島へ

まるで海の上に浮かんでいるかのような不思議な光景

由布島ショートトリップ
ゆぶじま

西表島から約400m離れている由布島。南国の花々が咲く小島でプチ旅行気分を満喫。

水深の浅い海峡を、人より遅いスピードで進む水牛車に乗ってゆったりのんびり移動する。戦後300人ほどの島民が生活していたという由布島は、全島民が西表島へ移住した1981年に亜熱帯植物楽園に姿を変え、今では西表島を訪れる観光客の人気スポットに。

➡チケットを販売している旅人の駅

水牛と南国の花々に彩られた周囲約2kmの小さな島を散策

亜熱帯植物楽園由布島
あねったいしょくぶつらくえんゆぶじま
東部 **MAP** 付録P.14 B-4

島内には一年中花々が咲き誇り、見どころもいっぱい。小さな島なので1～2時間あれば十分まわれる。

☎0980-85-5470 所竹富町古見689
時9:30～16:00 休無休 料2000円、子供(小学生)1000円、幼児(小学生未満)無料(往復水牛車・入園料込み) 交大原港から車で20分、水牛車15分 P50台(旅人の駅由布島の駐車場利用)

⬆トロピカルなムードあふれる園内

ツアー参加の Q&A

Q 水牛車の乗り方は?

A バス停すぐの「旅人の駅由布島」でチケットを買う。9:30始発以降、毎時1～2便で、西表島からが15:15、由布島からが16:00最終。

Q 石垣島から日帰りの場合、行き帰りはどうする?

A 大原港行きの船に乗り、港からはレンタカーかバスで向かう。「由布島水牛車乗場」で下車。

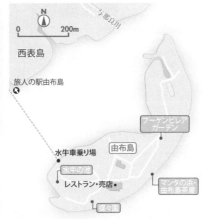

西表島

旅人の駅由布島

ブーゲンビレアガーデン
水牛車乗り場
由布島
水牛の池
レストラン・売店・
マンタの浜・由布島茶屋
蝶々園

N
0   200m

ブーゲンビレアガーデン

一年を通して咲き誇る

亜熱帯を代表するブーゲンビレアの木々が30種類以上ハウスの中で咲く。
MAP 付録P.14 C-4

マンタの浜・由布島茶屋

海を見ながらひと休み

紅いもチーズケーキ味など、こだわりジェラート(400円～)でひんやり。
MAP 付録P.14 C-4

水牛の池

お休み中の水牛を見学

何頭もの水牛が、体を休めるために池に休憩。涼しげな光景だ。
MAP 付録P.14 B-4

蝶々園

蝶々が優雅に飛び交う

日本最大の蝶、オオゴマダラをメインに飼育。優雅に飛ぶ姿は必見。
MAP 付録P.14 B-4

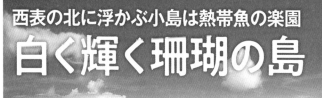

西表の北に浮かぶ小島は熱帯魚の楽園

白く輝く珊瑚の島

潮の満ち引きで形が変わるバラス島 どんな形になるかはお楽しみだ

バラス島&鳩間島 シュノーケリング
はとまじま

**初心者でも安心のシュノーケリングスポット。
熱帯魚が泳ぐ美しい海に時を忘れてしまいそう。**

⬆ 熱帯魚が泳ぐ姿も見られる

バラス島は西表島と鳩間島の間に浮かぶ、サンゴのかけらでできた島。浅い海底と透き通る海はシュノーケリングに最適だ。ウェットスーツやライフジャケットを着用すれば泳げない人でも安心。鳩間島は豊かな自然の中に赤瓦の民家が並ぶ素朴な島。高台の灯台からはエメラルドグリーンの海を見渡せる。

⬆鳩間島では集落を散歩したり、ヤギと戯れたり。のんびりと過ごしたい

バラス島・鳩間島 シュノーケルツアー

バラス島と鳩間島周辺の透明度の高い海でシュノーケリングが楽しめる。手作りの特製ランチや鳩間島での散歩なども人気。

（料）1万円 （催行）2月中旬～11月末 （所要）7時間
（予約）電話／Web(www.rayreef.com)で要予約（3日以内の場合は電話で予約）（参加条件）小学生以上　●ツアーに含まれるもの　ガイド、マスク、シュノーケル、フィン、ミズ用タオル、昼食（1日コースのみ）、飲み物、保険 ※ウェットスーツは有料レンタル

レイリーフ

上原港周辺 **MAP** 付録P.14 C-2

☎0980-84-8521
（所）上原港（集合場所）（営）9:00～20:00（電話受付）（休）無休
（交）上原港からツアーに出発　（P）50台（上原港無料駐車場利用）

SCHEDULE

所要7時間

9:00 宿泊先(西表島西部地区のみ)、上原港にてピックアップ。

9:40 上原港を出発。

10:00 バラス島に到着。浅瀬で練習したあと、周辺をシュノーケリングスタート！

⬇シュノーケリングを楽しむ

12:00 鳩間島に到着。ランチでお腹を満たしたら、のどかな集落をのんびりお散歩。

⬇手作りランチをいただく

14:00 鳩間島周辺でシュノーケリング。カラフルな熱帯魚に感動！

16:00 上原港へ到着。宿泊先や港に送迎。

ツアー参加のQ&A

Q 参加するときの服装と持ち物は？

A 水着着用。濡れてもよいように、夏は半袖・短パン、足元はサンダルを履いて行こう。日焼け止めにタオルを貸してもらえるが、薄手の長袖もあると便利。そのほか日焼け止めや帰りの着替えも必ず持って行こう。

Q 悪天候の場合は？

A 天候などによりやむなく中止することも。中止が決定次第、携帯電話に連絡してくれる。

Q 石垣島から日帰りの場合、行き帰りはどうするの？

A 行きは8:30発上原行き、帰りは16:40発石垣行きの便を利用する（「安栄観光」の場合）。港まではスタッフが送迎してくれる。

天然の琉球イノシシ
で作るイノシシのター
タキ1320円は臭みが
なく絶品（夏季限定）

大自然に育まれた島食材をまるごと楽しむ!

森と海を味わう
レストラン & カフェ

西表島には島食材を贅沢に
味わえるお店が多い。
島魚やガザミ（ワタリガニ）、
フルーツなど、山海の幸を
雄大な景色とともに味わいたい。

島の食材を堪能できる
カジュアルダイニング

KITCHEN inaba
キッチンイナバ

上原港周辺 **MAP** 付録P.14 B-2

西表島の名産を使用した創作料理を
中心に、洋風から和風までバラエ
ティに富んだメニューが揃う。泡盛や
ワインの種類も豊富で、窓越しに見
える大自然を眺めながら贅沢な大人
の時間をカジュアルに楽しめる。

☎0980-84-8164
㊰竹富町上原742-6 ㊟18:00〜21:30
（LO20:20）㊡月・木曜 ㊠上原港から車で
10分 Ｐあり

1.窓が大きく明るい店内　2.濃厚な味で人
気が高いガザミパスタ2090円（夜のみ。数量
限定）3.大自然を味わえるテラス席

海と山の恵みが織りなす
ワンランク上の味わい

泡波と島の味 はてるま
あわなみとしまのあじ はてるま

大原港周辺 **MAP** 付録P.13 D-4

メニューは、その時に島でとれた旬の食材で作るコース料理のみ。島に自生するハーブを巧みに使いながらていねいに味付けられた料理はどれも絶品。おまかせの島の味コースは9〜13品で、5000〜6500円。泡波660円。

☎0980-85-5623
所竹富町南風見201-101
営19:00〜23:00※前日までに要予約 休日曜、ほか不定休 交大原港から徒歩5分
Pあり

1. 木のぬくもりに癒やされる座敷メインの店内　2. 大原港すぐ近くの集落内にある古民家を改装して使用　3. 島豚の味噌ラフテー　4. 長命草と島魚の南蛮漬け　5. モーイ豆腐　6. 島エビのハーブ揚げ
※料理はすべてコースの一例（変更あり）

八重山が育んだ美食に
美酒とともに酔いしれる

琉球酒菜 くくるくみ
りゅうきゅうしゅさい くくるくみ

上原港周辺 **MAP** 付録P.14A-1

隠れ家リゾート「ティンヌカーラ」に併設されているダイニングバー。旬の近海魚や島野菜で作る沖縄料理のほか、人気の石垣牛やアグー豚の料理も。八重山にある全10酒造所の泡盛が揃う。

☎0980-85-6017
所竹富町上原10-647
営18:00〜21:30（冬季は〜20:30）LOは各30分前 休不定休 交上原港から車で10分
Pあり

1. 一度は食べたい石垣牛のお寿司（4貫）1200円（手前）。ゆし豆腐と生ハムのサラダ950円（奥）
2. 静かな場所に建つ1日3組限定のプチリゾート
3. 落ち着いた雰囲気が漂う店内

西表島で唯一の
島魚料理と寿司の専門店

島魚料理・寿し 初枝
しまざかなりょうり・すし はつえ

上原港周辺 **MAP** 付録P.14A-1

海人である店主自ら獲った自慢の島魚をさまざまな調理法で味わえる。人気のお造りと寿司のほか、マース（塩）煮やおろし醤油だれのみぞれ煮など、島魚の個性が生きた料理に舌鼓。本日のおすすめは店内の黒板に書いてあるのでチェック。

☎0980-85-6023
所竹富町上原10-120
営17:00〜21:30(LO)
休火曜、1・2月 交上原港から車で10分
Pあり

1. カウンター、テーブル席、座敷席がある　2. 宿「ヤマピカラ」がある建物の1階部分に併設　3. 島魚にぎり盛り合わせ（10貫）2376円（手前）。島魚造り盛り合わせ（2人前）1836円（奥左）。島魚のマース煮2070円（奥右）

のどかな風景に
心が安らぐ

小浜島

こはまじま

NHK連続テレビ小説
『ちゅらさん』に登場した景色が
点在。サトウキビ畑と赤瓦の
集落をのんびり散歩したい。

⬆カトレ展望台からは群生するマングローブ林が見渡せる

八重山諸島の真ん中にあり、TVドラマ『ちゅらさん』の舞台となった美しい島。なだらかな丘陵地にはサトウキビ畑や牧草地が広がり、島で最も高い大岳からは与那国島を除く八重山の島々とエメラルド色の海が望める。島内には昔ながらの集落も残り、ゆったりとした時が流れている。東側には2つの大型ホテルやゴルフ場があり、八重山きってのリゾート地でもある。

石長田海岸
マングローブ群落

いしながたかいがんマングローブぐんらく
MAP 付録 P.11 E-1

小さな生き物に出会える
マングローブの海岸を歩く

海水と淡水が混ざった場所に育つマングローブの群生地。干潮時には湿地帯に下りて歩いてみると根元に生息する貝やカニも観察できる。
☎0980-82-5445（竹富町観光協会） 🏠竹富町小浜 🚗小浜港から車で10分 🅿駐車スペース利用

シュガーロード

MAP 付録 P.11 F-2　　➡**P.22**

風を切って自転車で走り抜ける

『ちゅらさん』のロケ地のひとつ。サトウキビ畑が広がるまっすぐな一本道には素朴な風景が残っている。今もなおファンが訪れる。
☎0980-82-5445（竹富町観光協会） 🏠竹富町小浜 🚗小浜港から車で7分 🅿なし
⬆バイクや自転車でドラマのヒロインのように駆け抜けてみたい

細崎

くばざき

MAP 付録 P.11 D-2

マンタが回遊する海岸に臨む岬

西側に突き出た岬の先端に位置する。小浜島と西表島の海域はマンタの通り道といわれ、ダイビングスポットでもある。
☎0980-82-5445（竹富町観光協会） 🏠竹富町小浜 🚗小浜港から車で20分 🅿5台
⬆マンタの屋根が目印の海人公園の展望台からは西表島が望める

トゥマール浜

トゥマールはま

MAP 付録 P.11 F-2

白浜が美しい静かな海

小浜港近くにあり、自然豊かな遠浅のビーチ。ビーチコーミングやシュノーケリングが楽しめる。
☎0980-82-5445（竹富町観光協会） 🏠竹富町小浜 🚗小浜港から車で3分 🅿駐車スペース利用

立ち寄りスポット

大盛家住宅

おおもりけじゅうたく

MAP 付録 P.11 E-1

『ちゅらさん』の撮影で使われた古民家。今も「こはぐら荘」の看板が残り、島の観光名所となっている。

☎0980-82-5445（竹富町観光協会） 🏠竹富町小浜 🎫見学自由（外観のみ） 🚗小浜港から車で7分 🅿なし

⬆裸足になって浅瀬を散歩するだけでも気持ちがいい

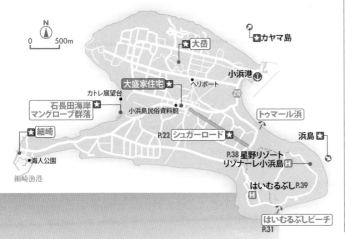

観光information

小浜島profile

人口:684人　面積:7.86㎢

自転車でも移動できるが、坂道も多いので、島内をあちこちまわるならバイクがおすすめ。

八重山諸島

与那国島　鳩間島　西表島　新城島　黒島　竹富島　石垣島　小浜島　波照間島

問い合わせ先

観光案内
竹富町観光協会　☎0980-82-5445

レンタカー・レンタサイクル
合同会社小浜島総合案内所　☎0980-85-3571
レンタル屋さん 結　☎0980-85-3388

小浜島から無人島に渡る

カヤマ島
カヤマじま

小浜島の北側に浮かぶ周囲2.5㎞の無人島。約500羽の野ウサギが生息する。周辺の海はシュノーケリングでサンゴ礁や熱帯魚が観察できる。

MAP 付録P.13 F-3
🏠竹富町小浜3401（レストハウス）
🚢小浜港から船で15分

カヤマ島無人島ピクニック
☎0980-82-6475（三和トラベル）　🏠石垣市美崎町4-9　🕗8:00～16:00　🅷無休　💴1万1000円～　石垣港から出港　🅿なし

↑定期船はないのでツアーに申し込もう

浜島
はまじま
➡P.76

潮が引くと浮かび上がることから「幻の島」と呼ばれる。小浜島と竹富島の中間に位置し、潮流によって運ばれた白砂が広がる。

MAP 本書P.2 C-3
🏠竹富町小浜
🚢石垣島から船で30分
↑青い海が三日月形の島を囲む

幻の島上陸コース
☎080-1225-0665（Sea Chan石垣島）　🕗8:00～10:00 11:00～13:00 14:00～16:00　🅷無休　💴4800円　石垣島から出港（HPで要確認）　🅿あり

↑八重山諸島や透き通った海の青いグラデーションが広がる

大岳
うふだき

MAP 付録P.11 E-1

八重山諸島の中心にあたる小高い山

小浜島の最高峰。登り口から続く300段の階段を上ると海抜99mの山頂からは八重山諸島をはじめ、島を360度見渡せる。青と緑のコントラストの美しさは思わずため息が出るほど。

☎0980-82-5445（竹富町観光協会）　🏠竹富町小浜　🚢小浜港から車で7分　🅿駐車スペース利用

はいむるぶしビーチ

MAP 付録P.11 F-2　**➡P.31**

南国ムード漂うリゾート地

リゾートホテル「はいむるぶし」のビーチ。ビーチ施設やアクティビティの利用は宿泊者のみ。
☎0980-85-3111（はいむるぶし）　🏠竹富町小浜　🚢小浜港から車で5分　🅿5台

↑マリンアクティビティが充実

牧場の牛たちがお出迎え

黒島
くろしま

牧場を自由に歩きまわり、草を食む牛が島中に。青い空の下、まっすぐな道を自転車で走り抜けよう。

石垣島から高速船で片道25分。日帰りができる距離にあるハートの形をしたかわいらしい島。広大な牧草地には牛たちが放たれ、のどかな雰囲気に満ちている。レンタサイクルを利用すれば約1時間で島を巡ることができるだろう。周辺の海は抜群の透明度を誇り、毎年ウミガメたちが産卵にやって来ることでも有名だ。自然に囲まれた島で開放感に浸ってみたい。

周辺の島々へ●

黒島研究所
くろしまけんきゅうじょ
MAP 付録P.11 D-3

海の生物を展示する
小さな博物館&水族館

海中生物の研究所。展示室では生物標本や民具、さらにウミガメをはじめとする黒島の海の生物たちを飼育展示している。

☎0980-85-4341 所竹富町黒島136 営9:00〜17:00 休無休 料500円、夏季ナイトツアー1500円(2名以上で催行) 交黒島港から自転車で20分 P5台

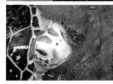

↑↑海中生物の剝製や生物標本などを展示。研究所で飼育中のアカウミガメなどにも出会える

西の浜
にしのはま
MAP 付録P.11 D-3

ウミガメも産卵にやって来る
エメラルド色の静かなビーチ

黒島港の西にある白砂が1km以上も続く美しい海。例年4月から9月の夜にウミガメが産卵しに来ることでも知られている。

↑透明度の高い海の先には西表島や新城島が望める
☎0980-82-5445(竹富町観光協会) 所竹富町黒島 交黒島港から自転車で5分 Pなし

仲本海岸
なかもとかいがん
MAP 付録P.11 D-4

サンゴ礁が広がる海で
お魚ウォッチング

黒島を代表するシュノーケルスポット。干潮時にはイノーと呼ばれる潮だまりができるので歩いて海の生物を観賞することができる。

☎0980-82-5445(竹富町観光協会) 所竹富町黒島 交黒島港から自転車で15分 Pなし

↑さまざまな生物が生息する仲本海岸

立ち寄りスポット

黒島ビジターセンター
くろしまビジターセンター
MAP 付録P.11 D-4 ➡**P.125**

竹富町の文化財「番所跡」に建つ。黒島で昔使われていた民具や農具、生活用品、海の生き物などの展示物を見ながら、島や自然について知ることができる。

☎0980-85-4149 所竹富町黒島1 営9:00〜17:00 休台風時 料無料 交黒島港から自転車で10分 P20台

伊古桟橋
いこさんばし
MAP 付録P.11 E-3

**昼と夜の景色が違う
まっすぐに延びる桟橋**

かつて船着き場として島の生活を支えていた全長354mの桟橋。干満潮時には表情の違う海が眺められ、夜には南十字星なども観測できる。

☎0980-82-5445（竹富町観光協会）　⑮竹富町黒島　☒黒島港から自転車で12分　⑫あり（駐車スペース利用）

➡2005年に国の有形文化財に登録された。桟橋の先からは海の大パノラマが望める

観光information

黒島profile

人口：217人　面積：10.02㎢
島の主要産業は畜産で、牛の数が人口を上回るほど。西の浜はウミガメの産卵地として有名。

八重山諸島

与那国島　鳩間島　小浜島　石垣島
　　　西表島　　　　　竹富島
　　　新城島　竹富島
波照間島　　　黒島

問い合わせ先

観光案内
竹富町観光協会　　☎0980-82-5445

黒島

黒島展望台
くろしまてんぼうだい
MAP 付録P.11 E-3

島を360度見渡す

島の中央にあり、高さ10mの展望台。晴れた日には、牧草地の草を食む牛たちののんびりとした様子や石垣島、西表島まで見ることができる。

☎0980-82-5445（竹富町観光協会）　⑮竹富町黒島　☒黒島港から自転車で15分　⑫5台

➡のどかな黒島をパノラマで眺めよう

黒島港　⚓
★黒島牛まつり
西の浜
放牧場
（213）
★伊古桟橋
★黒島展望台
黒島中・小
★黒島研究所
ヘリポート
黒島局
★黒島ビジターセンター
P.125
仲本海岸
放牧場
放牧場
黒島灯台★

N
0　　500m

牛づくしの一大イベント

黒島牛まつり
くろしまうしまつり
MAP 付録P.11 E-3

牛の数が圧倒的に多い牛の島ならではのお祭り。毎年2月最終日曜、牛との綱引きや牛1頭が当たる抽選会などが行われる。

☎なし　⑮竹富町黒島　☒黒島港から徒歩3分　⑫なし

➡郷土芸能や三線ライブも楽しめる

黒島灯台
くろしまとうだい
MAP 付録P.11 E-4

**島最南端に建つ無人灯台
沖縄の原風景が広がる**

小さな灯台だが、1972年から点灯し、重要な航路標識の役目を果たしている。敷地内に入ったり、登ることはできない。

➡草むらの先に小さな灯台が建ち、海を見守る

☎0980-82-5445（竹富町観光協会）　⑮竹富町黒島　☒黒島港から自転車で30分　⑫なし

119

日本最南端の
空と海を見よう

波照間島

はてるまじま

南の果てを感じさせる紺碧の海と絶壁に砕ける白波。輝く星空が美しい夜の散歩も楽しみたい。

北緯24度2分、東経123度47分の赤道付近に位置する日本最南端の島。サトウキビ畑や赤瓦屋根の集落が残る昔ながらのたたずまい。夜には満天の星が降り注ぎ、タイミングが合えばひときわきらめく南十字星にも出会える。スローな雰囲気にあふれた南の島をくまなく巡ってみたい。

周辺の島々へ●

底名溜池展望台

そこなためいけてんぼうだい

MAP 付録P.16 A-2

海が見渡せる高台

農業用溜池のすぐそばに建つ新しい展望台。周りが平坦なため360度のパノラマが満喫できる。夜の星空の眺めも美しいが、夜間は暗いので場所の確認をあらかじめしておきたい。

☎0980-82-5445(竹富町観光協会)
所竹富町波照間 交波照間港から車で5分 Pあり

↻周回道路からの入口に案内板に従い海側へ回り込むと展望台にたどり着ける

ニシ浜

ニシはま

MAP 付録P.16 A-1　　➡P.31

いつまでも眺めていたい
波照間ブルーの海

沖縄で最も美しい海といわれるほど透き通った海の青さから「波照間ブルー」とも呼ばれている。白い砂浜とのコントラストはため息が出るほど。

☎0980-82-5445(竹富町観光協会)
所竹富町波照間 交波照間港から徒歩10分 P5台

→沖にはサンゴ礁群が。シュノーケリングで色とりどりの熱帯魚にも出会える

波照間島灯台

はてるまじまとうだい

MAP 付録P.16 B-2

小高い丘に建つ

集落中心部から少し離れた島の中央部の丘の上に建つ。敷地内に入ったり、登ることはできない。

☎0980-82-5445(竹富町観光協会)
所竹富町波照間 交波照間港から車で5分 Pなし

←サトウキビ畑に囲まれた灯台は島巡りの目印にもなる

★コート盛
•下田原城跡
↓波照間港
P.31 ニシ浜↗
波照間中
浜崎　波照間局⊠⊗波照間小
南　波照間島灯台
崎
毛崎
★
底名溜池展望台　↗ペムチ浜

立ち寄りスポット

コート盛　コートもり

MAP 付録P.16 B-1

17世紀に船の出入りを監視するために建てられた遠見台(火番盛)の遺構。琉球石灰岩が積み上げられた高さ4mの頂上からの眺望が美しく、西表島が見えることも。

☎0980-82-5445(竹富町観光協会)
所竹富町波照間 交波照間港から徒歩10分 Pなし

(**観光information**)

波照間島profile

人口:454人 面積:12.73km²
自転車やバイクの利用が便利。信号や街灯がないので、周囲に注意しながら観光しよう。

八重山諸島
与那国島 　鳩間島 小石垣島
　　　西表島 　　浜島
　　　　　　　　　　竹富島
　　　新城島　黒島
　　波照間島・島

問い合わせ先

観光案内
竹富町観光協会　☎0980-82-5445

レンタカー・レンタサイクル
オーシャンズ　☎0980-85-8787
レンタルクマノミ　☎090-8290-2823

波照間島

日本最南端の碑

にほんさいなんたんのひ
MAP 付録P.16 C-2

断崖絶壁の上に立つ

1972年の沖縄返還前にこの地を訪れた学生が自費で建てた。有人島では最南端の場所。

☎0980-82-5445
（竹富町観光協会）
所竹富町波照間
交波照間港から車で15分
Pあり

➡大海原の先にはフィリピン諸島しかない

高那崎

たかなざき
MAP 付録P.16 C-2

険しくしぶきを上げる
フィリピン沖からの荒波

最南端の碑から約1kmにわたって続く断崖絶壁。切り立った断崖からの眺めは素晴らしいが、荒波が打ちつけるさまは足がすくむほど。

☎0980-82-5445（竹富町観光協会）
所竹富町波照間　交波照間港から車で15分　Pあり

N
0　500m

ヌービ崎

波照間空港✈

★高那崎

★日本最南端の碑

➡白波とコバルトブルーの対比が美しい。岩場の際まで歩けるが、十分に注意を

西の果ての地は 神秘と伝説の島

与那国島
よなぐにじま

島のあちこちに神秘的な
伝説が残る日本最西端の島。
日本で一番最後に沈む夕日を
目に焼きつけたい。

久部良港近くにある「日本最後の夕日が見える丘」からは西崎と夕日が同時に望める

　石垣島と台湾のほぼ中間に位置し、日本の西の果てと呼ばれる。周囲約27kmの島には風光明媚な自然と美しい海が広がり、島全体が切り立った崖に囲まれた絶海の孤島ということからもほかの八重山の島にはない独特な文化が育まれてきた。海底に眠る謎の構造物、海底遺跡や日本最西端に沈む夕日など、ダイナミックな景観が見どころ。

西崎
いりざき

MAP 付録 P.16 A-4　　→ P.26

日本で最後に沈む 夕日に出会える名所

与那国島で最も西に位置することを示す「日本最西端の碑」が灯台のそばに立つ岬。展望台からは年に数回、対岸の台湾が見えることも。

☎0980-87-2402（与那国町観光協会）
所与那国町与那国　⊗与那国空港から車で10分　P8台

⚓断崖絶壁の島内では数少ない砂浜で、海水浴などが楽しめる日本最西端のナーマ浜

★西崎　P.26
久部良港
ナーマ浜　P.31
南牧場
馬鼻崎
北牧場
与那国空港
久部良岳
与那国岳
インビ岳
比川浜
Dr.コトー診療所
ナンタ浜
与那町町役場
ティンダバナ
アヤミハビル館
宇良部岳
海底遺跡
東牧場
東崎
立神岩展望台
N
0　　1km

⚓直角に削られた巨大な岩が圧巻

⚓遺跡を船で案内するツアーも人気

↑与那国馬が草を食み、のどかな景色が広がる

↑日が昇る方角にあるため「あがりざき」と読み、日の出の絶景ポイントとしても知られる

東崎
あがりざき

MAP 付録P.17 F-3

なだらかで広大な草原

島の東側にある断崖絶壁の岬。白い灯台が建ち、青い海と牧草地の緑のコントラストが見事な景色を描く。岬には2階建ての展望台もあり、散歩途中にひと休みできる。

☎0980-87-2402(与那国町観光協会) 🏠与那国町与那国 🚗与那国空港から車で20分 🅿15台

観光information

与那国島 profile

人口:1686人 面積:28.82km²
島の四方に見どころが点在。起伏の激しいところもあるので、上陸の際はぜひ車の手配を。

八重山諸島
与那国島 鳩間島 小浜島 石垣島
西表島 竹富島
新城島 黒島
波照間島

問い合わせ先

観光案内
与那国町観光協会 ☎0980-87-2402

レンタカー・レンタバイク
与那国ホンダ ☎0980-87-2376
最西端観光・SSKレンタカー
☎0980-87-2441
米浜レンタカー ☎0980-87-2148

←沖縄民謡で歌われた「ナンタ浜」も展望台から見ることができる

ティンダバナ

MAP 付録P.17 D-3

崖の上の神聖なビュースポット

↑島を見守る景勝地。展望台近くに湧水があり、神聖な水として祭事に使われる

標高約85m、自然浸食によってできた断崖で天然の展望台となっている。「サンアイ・イソバ」という女首長がティンダバナの上に住んでいたといわれ、その石碑がある。

☎0980-87-2402(与那国町観光協会) 🏠与那国町与那国 🚗与那国空港から車で10分 🅿5台

謎に包まれたダイビングスポット

1986年、与那国島の南、新川鼻沖で人工的に造られたと考えられる海底地形をダイバーが発見。階段状の巨大な岩が海底にそびえ立つ。

海底遺跡 かいていいせき
MAP 付録P.17 E-4
☎0980-87-2402(与那国町観光協会) 🏠与那国町与那国 🚗久部良港から船で18分

海底遺跡クルーズ 高速半潜水艇
ジャックス・ドルフィン号
☎0980-87-2311(ぐまぁ〜ぐまぁ〜ぬ入船) 🏠与那国町与那国 🕐12:00〜13:00 🔴不定休 💴7000円(5名以上で催行) 🅿海底遺跡観光船乗り場から出港 🅿10台

立神岩展望台
たちがみいわてんぼうだい

MAP 付録P.17 E-4

荒波の海にそそり立つ与那国島のシンボルを望む

立神岩は島の東海岸に高くそびえる巨岩。立神岩の東側にある展望台からは神々しい雄大な景色を眺めることができる。

☎0980-87-2402(与那国町観光協会) 🏠与那国町与那国 🚗与那国空港から車で20分 🅿10台

↓神が宿る岩といわれ、さまざまな伝説が残る

立ち寄りスポット

Dr.コトー診療所
ドクターコトーしんりょうじょ

MAP 付録P.16 C-4

TVドラマ『Dr.コトー診療所』で登場したオープンセット。撮影終了後もそのまま保存されている。ロケで使われた比川浜も診療所前にあり、ドラマのワンシーンが蘇る。

☎0980-87-2888(比川共同売店) 🏠与那国町与那国3027-1 🕐9:00〜18:00 🔴無休 💴300円 🚗与那国空港から車で15分 🅿なし

アヤミハビル館
アヤミハビルかん

MAP 付録P.17 E-3

世界最大の蛾「ヨナグニサン」の生態を展示、解説する。与那国島の動植物や絶滅危惧種などについても学べる。

☎0980-87-2440 🏠与那国町与那国2114 🕐10:00〜16:00 🔴水曜、祝日、慰霊の日(6/23) 💴500円、団体(5名以上)400円 🚗与那国空港から車で10分 🅿15台

先島（さきしま）と呼ばれ、独自の文化を育んだ離島の物語

海上はるか南の世界へ

日本最古の人骨から下田原期（しもたばるき）、無土器文化、アカハチの乱、先島諸島の統一、島津の侵攻と人頭税（にんとうぜい）…。
沖縄本島とも異なる他に類を見ない歴史の舞台。島々には南方の薫りが漂い、多くの伝説が生きる。

歴史

**紀元前
2000年～
12世紀頃**

先島諸島の人々のルーツ

先史時代の島々

中国大陸南部や台湾などの南方文化の
影響を受けて発展した先島諸島という世界へ

　2012年に石垣島の白保竿根田原洞穴遺跡で発見された人骨が日本最古の2万4000年前のものと確認され、多くの人を驚かせた。先島のある南部文化圏には本土の縄文・弥生文化は伝わらず、台湾や南中国の文化に影響されてきたといわれる。先島最古の土器は約4000年前の下田原式土器とされ、この時代を先島諸島では「下田原期」と呼ぶ（九州以北では縄文後期～晩期にあたる）。下田原式土器も、そのルーツは台湾などの南方文化に関連しているとされる。

　紀元前1000年頃には先島諸島にフィリピンなどの文化に類似した無土器文化が展開し、この文化は八重山では12世紀の初期頃まで続くことになる。しかし、下田原期と無土器期の間は現在のところ空白となっていて、今後の発見や研究が待たれる。

15世紀頃

群雄割拠の時代を経て

琉球王国の統一

先島諸島の覇権争いと首里王府の思惑が
絡みながら宮古・八重山の支配は強化される

　仲宗根豊見親（なかそねとぅゆみや）は1474年に尚円王（しょうえん）によって宮古の首長となり、宮古を統一し、八重山進出を企てる。石垣島は多くの首長らに支配され、いわば群雄割拠の状況にあったが、特に大浜地域を支配するオヤケアカハチと石垣地域の首長である長田大翁主（ながたうふうしゅ）とが覇権を争っていた。アカハチは首里の王府からの独立を目論むが、宮古の仲宗根豊見親はこれを警戒し、首里の国王に報告した。1500年、王府は軍船46隻と約3000人の軍勢を派遣、仲宗根豊見親らと合流して石垣のアカハチを攻略し、アカハチは戦死する。これにより、仲宗根豊見親らによって宮古・八重山は統治され、首里王府の支配は強化されていく。

先史時代の3つの文化圏

弥生式土器文化

九州

種子島

薩南諸島　屋久島

北部文化圏

縄文式土器文化

東シナ海

奄美大島

奄美諸島

八重山式土器文化

琉球諸島

久米島　沖縄島

中部文化圏

先島諸島

太平洋

八重山諸島　宮古諸島

石垣島　宮古島

台湾　西表島

南部文化圏

川平貝塚
かびらかいづか

石垣島 **MAP** 付録P.4 A-1

川平湾から底地ビーチへ向かう途中にある国指定の史跡。鳥居龍蔵氏によって1904年に調査された14～15世紀頃の遺跡で、特徴的な外耳（そとみみ）土器や中国産の青磁、動物の骨などが発掘されている。
📞0980-83-7269（石垣市川平238ほか）
🚌離島ターミナルから車で25分

大田原遺跡
おおたばるいせき

石垣島 **MAP** 付録P.3 E-3

1978年、1980～81年に発掘調査された遺跡で、約3800年前のものとされる。下田原式土器や石器などが出土しているが、有土器時代から無土器時代へ移行するという国内でも珍しい文化推移が確認されている。
📞0980-83-7269（石垣市教育委員会文化財課）　🏠石垣市名蔵455-64
🚌離島ターミナルから車で15分

オヤケアカハチ ◀ 石垣島の英雄

　石垣の豪族、オヤケアカハチは、王府への年貢を怠った謀反者として琉球王国による征伐の対象となるが、石垣の民衆にとっては、王府の侵攻から困窮する農民を守ろうとした英雄として伝えられている。石垣市大浜にオヤケアカハチの像と碑が、生誕地の波照間島には碑が建てられている。

⤴オヤケアカハチの生誕の地は波照間島
MAP 付録P.16 B-1

人頭税制下の過酷な時代
薩摩藩の統治下へ

**薩摩藩の侵攻により新たな税制・人頭税を導入。
辛い伝説や歌謡がいくつも残る**

1609年の島津侵攻により琉球王国は薩摩藩への税負担高を決められ、これに対応するため1637年に宮古・八重山に人頭税制を強化することとなった。人頭税は15〜50歳の男女に年齢に応じて税を課す制度で、1659年からは定額人頭税となり、女性は上布(宮古上布・八重山上布)で代納させた。この制度は1903年の廃止まで続くが、病身などで働けない者にも等しく課税されたり、未納者は他島への移住を強いられるなど、人頭税時代の先島諸島の暮らしは過酷をきわめた。過重な労働に耐えられない弱者や妊婦などが殺害されたという「人舛田」や「久部良バリ」などの悲劇的な伝承も残されている。

宮古上布と八重山上布 ◀ 貢布として継承

上布は苧麻(ちょま、カラムシ=イラクサ科の植物)を材料として織るが、宮古島や八重山の石垣島では16世紀末頃から上布が製作され、それぞれ宮古上布、八重山上布と呼ばれた。1609年の島津侵攻により琉球王国は1637年に宮古・八重山に人頭税を課したが、女性は上納布として上布を織ることを強要された。宮古上布や八重山上布は薩摩藩が扱い京都などにも販売していたので、薩摩上布とも呼ばれた。

●上布などの貢納品は厳しく検品された。『八重山蔵元絵師画稿集』より機織女の図〈石垣市立八重山博物館蔵〉

沖縄本島とは異質の貿易
密貿易という経済活動

**中国南部との密貿易を通じて宮古諸島や
八重山諸島は独自の交易網を持っていた**

14〜17世紀、民間貿易を禁止した中国・明の時代にあっても宮古・八重山諸島とは盛んに密貿易が行われていた。明からは青磁や陶磁器などが大量に持ち込まれ、これらはたとえば石垣の名蔵シタダル遺跡などからも出土している。先島諸島は当時、中国との私的な貿易網を持ち、沖縄本島とは違う経済活動をしていたといえる。

ロバート・バウン号事件 ◀ クーリーの蜂起

1852年2月、福建の厦門で集められた約400人の中国人クーリー(苦力)が米国船ロバート・バウン号で、あまりにひどい虐待に対して蜂起し、船長ら7人を殺害。その後、船は石垣島沖で座礁。島の役人は人道的に対応するが、上陸した米英の兵士は逃げたクーリーを射殺したなどとされる。翌年、琉球王朝は保護した生存者172人を福州(現在の福建省)に送還した。

唐人墓 ➡ P.69
とうじんばか
石垣島 **MAP** 付録P.3 E-4

ロバート・バウン号事件で犠牲となった中国人を慰霊するための建造物。

●クーリー128人の霊を祀る極彩色の墓。1971年に建造

離島の歴史と文化を知るスポット

八重山博物館 ➡ P.69
やえやまはくぶつかん
石垣島 **MAP** 付録P.9 F-3

八重山地域の豊かな文化と歴史を伝える貴重な民具、陶磁器、染織物など幅広いジャンルの資料を展示している。

●沖縄本土復帰の1972年に開館

●農耕具や漁具などが見られる

●伝統的な小型漁船サバニ

宮古島市総合博物館
みやこじましそうごうはくぶつかん
宮古島 **MAP** 付録P.19 D-3

「宮古の自然と風土」を基本テーマに、宮古島の自然や歴史、民俗、美術工芸に関する資料を展示している。

☎0980-73-0567 ⬤宮古島市平良東仲宗根添1166-287 ⬤9:00〜16:30(入館は〜16:00) ⬤月曜、祝日 ⬤300円 ⬤宮古空港から車で10分 ⬤8台

黒島ビジターセンター ➡ P.118
くろしまビジターセンター
黒島 **MAP** 付録P.11 D-4

西表石垣国立公園にある黒島の歴史や文化、民具などを展示している。敷地内には薩摩藩支配時代の番所跡もある。

●かつて村番所があった場所。近くには黒島で最も高い、船の監視に使われた遠目台"フズマリ"がある

八重山・宮古 歴史年表

西暦	琉球王代		日本		事項
紀元前約2000年			**赤色土器時代** (～紀元前1300年) 下田原式土器が作られる		
紀元前1300～500年					
紀元前500年			**無土器時代** (～12世紀)		
714			和銅	7	石垣島の島民が大和朝廷を訪れた記録が残る
1185			文治	元	平家の落武者が石垣島に来島
12世紀頃			**スク時代**		
1317	玉城	4	文保	元	宮古島民が中国に漂着との記録が残る
1390	察度	41	明徳	元	宮古・八重山、中山(沖縄)に入貢
1429	尚巴志	8	永享	元	尚巴志、三山を統一、琉球王国が誕生
			琉球王国		
1437		16		9	三味線、南洋の踊り伝来
1474	尚円	6	文明	6	仲宗根豊見親が宮古の首長に
1477	尚真	1		9	朝鮮漂流民、与那国島で救助
1500		24	明応	9	オヤケアカハチの乱
1522		46	大永	2	与那国の鬼虎が征伐される(1510年とする説もある) 西表島にオランダ船が漂着
1524		48		4	竹富島に蔵元創設、のちに石垣島へ移転
1525		49		5	宮古島に蔵元創設
1583	尚永	11	天正	11	真栄の妻、稲石が、綾錆布を織って尚永王に献上。宮古上布の起源
1597	尚寧	9	慶長	2	甘藷(サツマイモ)が宮古に伝わる(1618年とする説もある)
1609		21		14	島津氏、琉球侵攻。尚寧王降伏する
			薩摩藩による支配		
1611		23		16	薩摩による八重山検地
1614		26		19	石垣島の桃林寺、権現堂を建立
1619		31	元和	5	宮古島の各村に村番所設置、上布工房として使われブンミャーと呼ばれる
1622	尚豊	2		8	南蛮船が冨崎沖に漂着 八重山キリシタン事件
1629		9	寛永	6	王府から役人が派遣され在番制始まる
1634		14		11	綿布の製法伝来
1637		17		14	人頭税制度始まる
1641	尚賢	1		18	大和在番制度創設 異国船への警備を強化
1648	尚質	1	慶安	元	波照間島平田村の百姓40～50人が南波照間を目指して脱出
1655		8	明暦	元	宮古島で植林が始まる
1659		12	万治	2	八重山で上布による貢租代納始まる
1694	尚貞	26	元禄	7	石垣島に甘藷(サツマイモ)が伝来
1695		27		8	瓦工を沖縄から招聘、瓦製造始まる
1697		29		10	異国船、川平に漂着、住民に暴行を加えたために斬り殺される

西暦	琉球王代		日本		事項
1699	尚貞	31	元禄	12	製紙方法が沖縄から伝播
1705		37	宝永	2	八重山嶋由来記、完成
1718	尚敬	6	享保	3	唐船、石垣島へ漂着
1730		18		15	八重山島日記編集される
1732		20		17	唐紙製紙法伝来
1737		25	元文	2	桃林寺、仁王像ができる
1740		28		5	天然痘が流行
1742		30	寛保	2	冨崎に観音堂を建立
1749		37	寛延	2	芭蕉布の製法伝来
1771	尚穆	20	明和	8	明和の大津波
1776		25	安永	5	大飢饉と伝染病流行
1797	尚温	3	寛政	9	池間島の八重干瀬でイギリス船プロビデンス号が座礁
1819	尚灝	16	文政	2	宮良殿内建立
1839	尚育	5	天保	10	疫病大流行
1844		10	弘化	元	イギリス船サマラン号、宮良に碇泊
1848	尚泰	元	嘉永	元	尚泰即位(最後の琉球国王)
1851		4		4	ジョン万次郎来琉
1852		5		5	アメリカ船ロバート・バウン号、中国人苦力を乗せ、崎枝に漂着
1855		8	安政	2	琉仏修好条約調印
1859		12		6	琉蘭修好条約調印
1866		19	慶応	2	最後の冊封使が来琉
1871		24	明治	4	廃藩置県で鹿児島県設置。琉球はその管轄下に置かれる
1872		25	明治	5	琉球藩設置。尚泰、藩王となる
			琉球藩		
1879				12	琉球藩を廃して沖縄県を置く
			沖縄県		
1880				13	日本政府、宮古・八重山を清国へ割譲の条約調印(その後立ち消えになる)
1887				20	石垣島でサトウキビ栽培が本格的に開始される
1894				27	八重山養蚕業が始まる
1903				36	宮古・八重山に地租条例施行、人頭税廃止
1938			昭和	13	八重山上布工業組合創立
1944				19	台湾へ集団疎開実施
1945				20	終戦、米国軍政となる マラリア大流行
1956				31	宮古空港が開港
1967				42	テレビ開局 イリオモテヤマネコ発見
1972				47	沖縄、日本本土に復帰
2013			平成	25	南ぬ島石垣空港が開港

歴史

透き通るような
サンゴ礁の
海が広がる

宮古島

宮古島は、平野部にサトウキビ畑が
広がるのどかな島で、周囲を取り囲む
サンゴ礁の海は、屈指の透明度を誇る。
池間・伊良部・下地、来間とは橋で結ばれ
海上を走る絶景ドライブも爽快だ。

宮古諸島はこんなところです

宮古空港から島内やほかの島への観光は車で移動するのがいちばん。路線バスもあるが本数が少なく系統が複雑なので観光客には乗りこなすのが難しいだろう。最近はカーナビが付いているレンタカーが多いので迷うこともあまりない。長時間の車の運転がストレスに感じるならば宮古諸島に詳しいドライバーが運転するタクシーで観光案内をしてもらおう。

伊良部大橋、池間大橋、来間大橋を渡れば各島まで海の絶景ドライブが楽しめる。橋で結ばれていない多良間島へはフェリーと飛行機、大神島へは高速船が運航している。
宮古島へのアクセスはP.157参照。

マリンブルーの海が美しい島

宮古島 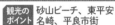 ➡P.130
みやこじま

白砂のビーチ、サンゴ礁など豊かな自然に恵まれている。ダイビングスポットとしても有名。

観光の ポイント	砂山ビーチ、東平安名崎、平良市街

海が広がる絶景ロードが評判

伊良部島・下地島 ➡P.134
いらぶじま・しもじしま

伊良部大橋が開通したことで美しい海の絶景が見られる島。伊良部島と下地島は何本かの橋が結ぶ。

観光の ポイント	伊良部大橋、渡口の浜、佐和田の浜、通り池

サンゴ礁が隆起した平らな島

多良間島 ➡P.150
たらまじま

山がなく平坦な島。牛の放牧や野生のヤギ、サトウキビ畑などののどかな風景が広がる。

観光の ポイント	八重山遠見台、ふるさと海浜公園、フクギ並木

宮古島 ➡ 伊良部島・下地島

車 宮古空港から約25分
伊良部大橋（全長3540m）　通行料 無料

宮古島 ➡ 多良間島

飛行機 1日2便／所要25分
宮古空港～多良間空港
RAC　9680円～

フェリー 1日1便（日曜運休）／所要2時間
平良港～普天間港または前泊港
多良間海運（フェリーたらまⅢ）
2510円

多良間島 ➡ 水納島

船 チャーター便のみ／15～20分
前泊港～水納島　チャーター船3万円（往復）

伊良部島
下地島
水納島
多良間空港
宮古空港
普天間港
前泊港
平良港
平良港
多良間島

効率よくまわるにはレンタカーやレンタバイク、観光タクシーがおすすめ。
宮古島の主な観光地へは約30分で行くことができる。
伊良部島、下地島、池間島、来間島へは3つの大橋が
宮古島と結ばれているのでドライブを楽しみながらまわりたい。

宮古島 ➡ 池間島
車 宮古空港から約40分
池間大橋（全長1425m）
通行料 無料

宮古島 ➡ 大神島
船 1日4便／所要時間15分
島尻港〜大神港
大神海運　370円

ありのままの自然が残る島
大神島
おおがみじま　➡P.133

自然に囲まれた静かな島。「神様に
愛された島」といわれ、宮古諸島
のなかでもパワースポットのひとつ。
奇石（ノッチ）も見どころ。

| 観光の
ポイント | 奇石（ノッチ）、遠見台、
大神島多目的広場 |

巨大なサンゴ礁群を持つ島
池間島
いけまじま

宮古島から1425mの池間大橋が結
ぶ周囲10kmの島。沖合にはサンゴ
礁で有名な八重干瀬があり美しい
海に出会える。

| 観光の
ポイント | 池間大橋、八重干瀬、
池間湿原、フナクス |

宮古島 ➡ 来間島
車 宮古空港から約20分
来間大橋（全長1690m）
通行料 無料

静かな時が流れる島
水納島
みんなじま

かつて大勢の住民が漁業を中心に
生活していたが、現在、船の定期
便はない。サンゴ礁に囲まれた美し
い島。

| 観光の
ポイント | 宮古遠見台、
浜崎ビーチ |

橋の向こうはのどかな風景
来間島
くりまじま

1690mの来間大橋を渡ると小さな
集落、サトウキビ畑や果実畑が広が
る。竜宮城展望台からは宮古島を
一望できる。

| 観光の
ポイント | 来間大橋、来間漁港来間
ビーチ、竜宮城展望台 |

池間島

大神島

390

宮古島

来間島

交通information

島巡りのポイント
●**車のスピードの出し過ぎに注意**
観光客のほうがスピードを出すこ
とが多いといわれている。信号の
ない交差点や見通しの悪いところ
も数多くあるため、周囲に注意し
て島巡りを楽しみたい。
●**平坦な地形なので迷わないように**
山がなく目標が少ないところが多
く道に迷いやすい。地図で確認
をして歩こう。
●**神聖な場所は最低限のマナーを**
島中に神聖な空間、祈りの場所
がある。観光客が興味本位でむ
やみに近づかないように。

島間のアクセス
橋が架かっている下地島や池間
島、来間島へは宮古島から気軽
に車で移動できるのがうれしい。
多良間島への船は夏と冬で到着
する港が違うので注意しよう。

宮古空港から
車で約25分 → 伊良部島 → 伊良部大橋
から車で
約10分 → 下地島

宮古空港から車で約40分 → 池間島

宮古空港から車で約20分 → 来間島

船で約15分 → 大神島

飛行機で約25分
船で約2時間 → 多良間島 → 船で
約15〜20分 → 水納島

宮古諸島はこんなところです

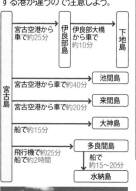

問い合わせ先
交通
RAC（琉球エアーコミューター）
☎0570-025-071
多良間海運　☎0980-72-9209
大神海運　☎0980-72-5477

透き通った海に囲まれた楽園

宮古島・伊良部島・下地島

みやこじま・いらぶじま・しもじしま

透明度が圧倒的に高い宮古諸島の海は「宮古ブルー」と
呼ばれる。宮古島周辺のいくつかの離島は大橋で結ばれ、
マリンスポーツのほかドライブも楽しめる。

島でいちばんの繁華街

宮古島中心部

みやこじまちゅうしんぶ

宮古空港の北西にある宮古島最大
の繁華街・平良タウンは宿や飲食店
が集まる賑やかなエリア。街を散策
すると宮古の文化を伝える名所に出
会える。空港、港も近く、旅の拠点
にすると便利。

観光のポイント
平良タウン、
パイナガマビーチ、
みやこサンセットビーチ

◐◑宮古諸島の玄関口、宮古空港(上)と平良港(下)

美しい海と夕日のエリア

北部

ほくぶ

宮古島の最北端には夕日の
景勝地・西平安名崎、その先
の池間大橋からは宮古ブルー
の海が広がる。ダイバーに人
気のサンゴ礁がある池間島の
海では色とりどりのサンゴや
魚が生息する。

↑八重干瀬(左)と大神島(右)

観光のポイント
西平安名崎、池間大橋、八重
干瀬、砂山ビーチ、大神島

透き通った宮古ブルー

南部

なんぶ

車でしか行けないエリアだ
が、それだけの価値があ
る海の絶景ポイントが点在
する。「東洋一美しい」と
まで称賛される美しい青い
海をドライブやビーチリゾー
トで満喫したい。

↑与那覇前浜(左)と東平安名崎(右)

観光のポイント
与那覇前浜、来間大橋、
東平安名崎、保良泉ビーチ

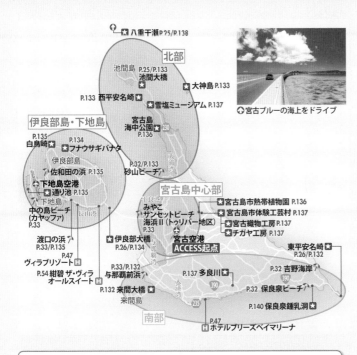

☆八重干瀬 P.25/P.138

北部

池間島 P.25/P.133
池間大橋

★大神島 P.133

P.133 西平安名崎 ☆

★雪塩ミュージアム P.137

伊良部島・下地島

P.135
白鳥崎

P.134
★フナウサギバナタ

宮古島
海中公園 ☆
P.136

230

伊良部島
★佐和田の浜 P.135

P.32/P.133
砂山ビーチ

大浦湾

★下地島空港
★通り池 P.135

下地島
中の島ビーチ
(カヤッファ)
P.33

長山港

宮古島中心部

みやこ
サンセットビーチ ☆
海浜II（トゥリバー地区）
P.33

★宮古島市熱帯植物園 P.136
★宮古島市体験工芸村 P.137
★宮古織物工房 P.137
★チガヤ工房 P.137

渡口の浜
P.33/P.135

P.47
ヴィラブリゾート ☆

★伊良部大橋
P.26/P.134

宮古空港
ACCESS起点

東平安名崎 ☆
P.26/P.132

P.33/P.132
与那覇前浜

★

★ P.137 多良川

P.32 吉野海岸

P.54 紺碧 ザ・ヴィラ
オールスイート ☆

P.132 来間大橋

来間島

P.137 保良泉ビーチ P.32 ☆

P.140 保良泉鍾乳洞 ★

南部

P.47
★ホテルブリーズベイマリーナ

↑宮古ブルーの海上をドライブ

橋でつながる2つの島
伊良部島・下地島

いらぶじま・しもじしま

2015年、伊良部大橋の開通によって空港から車で30分と行きやすくなった。橋からの絶景はもちろん、ダイビングなどのマリンアクティビティの名所としても知られている。

観光のポイント
伊良部大橋、フナウサギバナタ、下地島空港、通り池

↑通り池は海岸近くにある大小2つの円形の池

↓爽快感抜群のドライブが楽しめる伊良部大橋

お役立ちinformation

宮古島profile

人口:5万130人（宮古島市）
面積:158.93㎢

路線バスは運行本数が少ないため、島の観光は車で移動するのがおすすめ。ほとんどの観光スポットは宮古空港から30分ほどでたどり着く。池間島、伊良部島・下地島、来間島は通行無料の大橋で結ばれている。

宮古諸島
水納島
多良間島
池間島
伊良部島
下地島
来間島
大神島
宮古島

空港から各エリアへのアクセス

車

宮古空港	
↻県道78号、190号経由で15分	↻県道243号、83号、230号経由で40分
宮古島中心部	北部（池間島）

宮古空港	
↻県道243号、78号、国道390号経由で45分	↻県道243号、国道390号、県道252経由で25分
南部（東平安名崎）	伊良部島

各エリア間のアクセス

宮古島中心部	北部（池間島）

県道83号、230号経由で40分

国道390号、県道252号経由で15分

国道390号、県道78号経由で50分

県道230号、83号、252号経由で45分

県道83号、230号経由で1時間15分

南部（東平安名崎）	伊良部島

県道83号、243号、252号経由で55分

問い合わせ先

観光案内
宮古島市観光商工課　☎0980-73-2690
宮古島観光協会　　　☎0980-79-6611

レンタカー
スカイレンタカー 宮古島店
　　　　　　　　　☎0570-077-185
バジェット・レンタカー 宮古空港店
　　　　　　　　　☎0980-66-0004
オリックスレンタカー 宮古空港店
　　　　　　　　　☎0980-73-5500

レンタサイクル
富浜モータース　　☎0980-72-3031

バス
宮古協栄バス　　　☎0980-72-2414

トライアスロン大会
のスタート地点とし
ても有名なビーチ

宮古島ドライブ

島の名所をぐるりと巡る

宮古島を一周

鮮やかなエメラルドグリーンの海を眺めつつ
島をぐるりと一周する爽快なドライブ。
点在するビーチや周辺の島に寄り道もおすすめ。

池間島灯台
池間島

4 池間大橋 大神島

西平安名崎 5 ━ 雪塩ミュージアム P.137

1 与那覇前浜 ➡P.33

よなはまえはま

南部 MAP 付録P.21 D-2

"東洋一"の美しさに感激

透明度の高い遠浅の海に、7kmにわた
って続く真っ白な砂浜は、東洋一のビー
チと称される。細かな砂を素足で感じな
がら長いビーチを歩きたい。

所宮古島市下地与那覇 交宮古空港から車で20分 P30台

P.136 宮古島海中公園 ★ 230

P.135
白鳥崎

★ フナウサギバナタ
P.135 P.134
佐和田の浜

★ 下地島空港

砂山ビーチ **6**

★ 通り池P.135
伊良部島

下地島

204

90

★伊良部大橋
P.26/P.134

平良港

83

P.136
宮古島市
熱帯植物園

P.33/P.135
渡口の浜

みやこ
サンセットビーチ
海浜Ⅱ(トゥリバー地区)
P.33

★宮古島市
体験工芸村
P.137

中の島ビーチ P.33
(カヤッファ)

204

宮古空港

START/GOAL
与那覇湾

2 来間大橋

くりまおおはし

南部 MAP 付録P.21 D-2

青い海を夢見心地で駆け抜ける

宮古島と来間島を結ぶ橋。前方には
鮮やかな青のグラデーションが広がり、
傍らには、光にキラキラ反射する与那
覇前浜も見える。

料通行無料 交宮古空港から車で20分

⬆歩道で散歩を楽しむ人も多く見られる

与那覇前浜 **1**

宮古島

P.137 多良川 ★

235

390

235

来間島

2 来間大橋

⬇岬の途中にある展望台から見た岬の全体像

0　　3km

N

人浦湾

平良港

人頭湾

3 東平安名崎

ひがしへんなざき

南部 MAP 付録P.19 F-4

荒々しくも美しい大パノラマ

海に突き出た細い岬で、先端に
建つ灯台からは東シナ海と太平洋
を一望できる。紺碧の海と断崖が
織りなす景観は迫力満点。

所宮古島市城辺保良 営9:00～16:30(灯
台) 料300円(灯台) 交宮古空港から
車で35分 Pあり

➡P.26

⬆360度の大パ
ノラマが広がる

4 池間大橋 → P.25

いけまおおはし

北部 MAP 付録 P.18 C-1

海の上を飛ぶような爽快感

宮古島と池間島を結ぶ橋。周辺には巨大なサンゴ礁が広がり、何層にも重なる海の青は宮古屈指の美しさ。宮古側の橋のたもとは駐車場で、そこからの景観も最高。

◎ 橋の両たもとからは大神島や西平安名崎も一望できる
🅿 通行無料 🚗 宮古港から車で45分

5 西平安名崎

にしへんなざき

北部 MAP 付録 P.18 C-1

3離島と美しい夕日を眺望

島北西端にある岬。展望台からは池間島、伊良部島、大神島の3離島が望めるだけでなく、絶好の夕日スポットとしても有名。

🏠 宮古島市平良狩俣
🚗 宮古空港から車で45分 🅿 あり

◎ 自然風を利用した風力発電の風車がシンボル

6 砂山ビーチ → P.32

すなやまビーチ

北部 MAP 付録 P.18 C-2

まるで映画のワンシーン!

真っ白な砂丘をてっぺんまで登っていくと、突如現れるエメラルド色の海に思わず息をのむ。岩の洞穴からのぞく景観はまた格別。

🏠 宮古島市平良荷川取 🚗 宮古空港から車で25分
🅿 40台

◎ 岩のトンネル越しに沈みゆく夕日を堪能

◎ アーチは保護網と柵が設置されており、立ち入り禁止

P.32 吉野海岸
P.32 保良泉ビーチ
P.140 保良泉鍾乳洞
東平安名崎 3

小さな島へ

大神島

おおがみじま

北部 MAP 付録 P.18 C-1

人口30人未満の小さな島で、独自の伝統を色濃く残す。神が住む島といわれ、そのほとんどが神が宿る聖域となっている。

☎ 0980-72-5350／0980-72-5477（大神海運）⛴ 往復710円、子供360円 ⛴ 島尻港から定期船で15分（4～9月1日5便、10～3月1日4便）

◎ 沖縄有数のパワースポットが集中

◎ 波の浸食で岩の根元が削られている

移動時間 ◆ 約3時間30分

おすすめドライブルート

宮古空港から出発し、宮古島をほぼ一周するコース。見どころは美しいビーチと周辺の島へ渡る橋。真っ青な海と空に向かって爽快なドライブが楽しめる。橋は駐停車禁止で、通行無料となっている。中心部の平良を離れるとガソリンスタンドが少なくなるので、早めに給油しておこう。島のあちこちで会える「宮古島まもる君」にも注目。

◎ 上野勤務のたくま君

アガンニャ！なんで止まらんが！
交通安全

| 宮古空港 |
| みやこくうこう |

↓ 国道390号、県道235号
8km／20分

| 1 与那覇前浜 |
| よなはまえはま |

↓ 県道235号
4km／8分

| 2 来間大橋 |
| くりまおおはし |

↓ 県道235号、国道390号
26km／40分

| 3 東平安名崎 |
| ひがしへんなざき |

↓ 県道83号・230号
37km／1時間

| 4 池間大橋 |
| いけまおおはし |

↓ 県道230号
5km／20分

| 5 西平安名崎 |
| にしへんなざき |

↓ 県道230号・83号
12.5km／35分

| 6 砂山ビーチ |
| すなやまビーチ |

↓ 県道83号・78号・190号・243号11km／25分

| 宮古空港 |
| みやこくうこう |

宮古島を一周

伊良部島・下地島ドライブ

エメラルドグリーンの海に浮かぶ

伊良部大橋を走る

まるで海の上に浮かんでいるかのような伊良部大橋を渡って、
伊良部島と下地島へ。小さな島に点在する、雄大な自然が織り
なす数々のスポットを巡りながら、爽快なドライブを楽しみたい。

伊良部島の展望台か
らは、迫力ある橋の
全景を一望できる

1 伊良部大橋 **→P.26**

いらぶおおはし

伊良部島 **MAP** 付録P.18 B-3

ダイナミックなドライブを満喫

無料通行の橋としては国内最長の
3540m。ゆるやかなカーブやアーチな
どさまざまなポイントから絶景が楽しめ、
各所に駐車スペースもある。

🚗通行無料 🚙宮古空港から車で20分

2 フナウサギバナタ

伊良部島 **MAP** 付録P.18 A-2

大海原を眺める展望台

フナウサギバナタとは方言で
「旅人を見送る岬」という意
味。昔はこの場所で船を見送
り、島を離れる家族や友人の
無事を祈ったという。

☎0980-73-2690(宮古島市観光商
工課) 📍宮古島市伊良部前里添
🕐入場自由 🚙宮古空港から車で
45分 🅿あり

白鳥崎 **3**

2 フナウサギバナタ

佐和田の浜 **4**

下地島空港

通り池 **5**

P.33 中の島ビーチ
(カヤッファ)

下地島

204

90

204

204

伊良部島

1 伊良部大橋

宮古島

6 渡口の浜

長山港

START/GOAL

N

0   2km

**⬇断崖の下にはコ
バルトブルーの海**

↑昭和の大津波で流れ着いた巨大岩が点在する

3 白鳥崎
しらとりざき

伊良部島 **MAP** 付録P.18 A-2

複雑な地形が生み出す雄大な景色

島北部にある岬。海沿いの遊歩道からは、断崖絶壁や荒々しい岩場、ゆるやかな海岸線などを眺望できる。

☎0980-73-2690
(宮古島市観光商工課)
働宮古島市伊良部佐和田908-2 ⊗宮古空港から車で45分 ₽あり

↑干潮時には島民が潮干狩りに訪れる

4 佐和田の浜
さわだのはま

伊良部島 **MAP** 付録P.18 A-2

夕焼けも美しい個性的な浜

無数の岩が突き出た遠浅の浜で、干潮時には沖合まで歩いていける。珍しい貝殻を拾いに訪れる観光客も多い。

☎0980-73-2690(宮古島市観光商工課)
働宮古島市伊良部佐和田1725
⊗宮古空港から車で40分 ₽あり

5 通り池
とおりいけ

下地島 **MAP** 付録P.18 A-3

自然がつくり上げた神秘の池

雨水による石灰岩の浸食がつくった巨大な2つの池。両方の池は底で外海とつながっており、人魚伝説が残る神秘的な場所としてダイバーたちにも人気。

☎0980-73-2690
(宮古島市観光商工課) 働宮古島市伊良部佐和田 ⊗宮古空港から車で40分 ₽あり

↑ダイバーの憧れのポイント

↑2つの池は別個に存在し、底で外海とつながっている

6 渡口の浜
とぐちのはま ➡**P.33**

伊良部島 **MAP** 付録P.18 A-3

海水の透明度は宮古諸島随一

伊良部島を代表するビーチで、ゆるやかなアーチ状の砂浜が800m続く。砂の細かさは宮古諸島でもトップクラス。浜の西端と東端に入口があり、それぞれ別の表情を楽しめるのが特徴。

☎0980-73-2690(宮古島市観光商工課)
働宮古島市伊良部字伊良部1391-1
⊗宮古空港から車で30分 ₽10台

↑海水浴やマリンレジャーを楽しむ人が多い

↓鮮やかなグンバイヒルガオの花が群生することも

移動時間◆約1時間

おすすめドライブルート

伊良部島の玄関口となる伊良部大橋は、通行無料の橋としては日本最長の3540m。数カ所に駐停車できる路側帯が設けられており、海上のドライブをゆっくりと満喫できる。島内にガソリンスタンドは少ないので、あらかじめ宮古で給油しておこう。またコンビニや食事処も多くはなく、中心部に集中しているので事前に計画を立てておきたい。

↑船舶が通過するため傾斜のついた部分がある

伊良部大橋を走る

1 伊良部大橋
いらぶおおはし

⬇ 県道252号
11km／20分

2 フナウサギバナタ

⬇ 1.5km／5分

3 白鳥崎
しらとりざき

⬇ 4km／10分

4 佐和田の浜
さわだのはま

⬇ 県道252号・90号
9km／15分

5 通り池
とおりいけ

⬇ 6km／10分

6 渡口の浜
とぐちのはま

⬇ 県道252号
4km／5分

伊良部大橋
いらぶおおはし

美しい自然と、それが生んだ文化にふれる

ちょっとディープに宮古を体験

宮古の貴重な自然資源、水や塩や草や土などは、島人たちの手技によって民具や食材に姿を変える。そんなモノを通じて島の文化にふれてみる。

↑静かな森林の中は、鳥や虫の声が耳に心地よく響く
↑熱帯地域に多く生息するナナフシ

宮古島 ●歩く・観る

亜熱帯植物の世界を満喫

宮古島市熱帯植物園
みやこじまねったいしょくぶつえん

中心部 **MAP** 付録P.19 D-3

亜熱帯特有の樹木が1600種以上も生育し、珍しい野鳥や小動物の観察スポットでもある。散策コースでゆっくり自然を満喫したい。

☎0980-72-9784 ㊟宮古島市平良東仲宗根添1166-286 ㊖8:30〜18:00 ㊡無休 ㊷無料 ㊨宮古空港から車で6分 Ｐあり

こんな体験ができます

鳥の鳴き声に耳を傾ける

うぷきの森探検
うぷきのもりたんけん

ホテルの朝食前の時間を使って、朝の森を探検。宮古島には珍しい鳥が多く、野鳥好きたちがカメラ持参で参加する。

㊖7:00〜8:00 ㊷2500円 ㊕通年 所要1時間30分 予約前日17:00までに電話(0980-73-7311)で要予約 集合場所宮古島市熱帯植物園 展望台駐車場

服を着たまま海中散歩

宮古島海中公園
みやこじまかいちゅうこうえん

北部 **MAP** 付録P.18 C-2

海底に広がる24枚のクリアパネル越しに、カラフルな熱帯魚やウミヘビに出会える。常駐するスタッフが魚の種類や生態系をていねいに説明してくれるのもうれしい。

☎0980-74-6335 ㊟宮古島市平良狩俣2511-1 ㊖9:00〜17:00(受付は〜16:45) ㊡無休 ㊷1000円、高校生800円、小・中学生500円 ㊨宮古空港から車で25分 Ｐあり

↑貝殻シーサーや島ぞうり制作の体験コーナー。体験工作は大人1500円、現地受付

↑イラブチャーやアイゴなど南国の魚が泳ぐ姿を観賞できる

↑海の見えるカフェも併設。観察施設＋食事のお得なセットもある

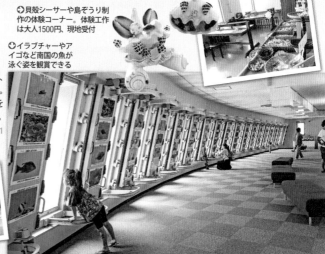

⤴チガヤ工房には、昔の生活を支えた民具の数々が展示されている

伝統工芸品の手作り体験
宮古島市体験工芸村
みやこじましたいけんこうげいむら
中心部 MAP 付録P.19 D-3

宮古牛の角アクセサリー作りや藍染め、シーサー作りなど、体験を通して宮古島の文化や歴史を知ることができる体験施設。雨天の日も充実した時間を過ごせる。

☎0980-73-4111 所宮古島市平良東仲宗根添1166-286 開各工房により異なる(入場無料) 交宮古空港から車で6分 Pあり

⤴体験できる工房は全部で9つ

⤴貝とビーズで作ったアクセサリー

こんな体験ができます

身近な道具を手作り
チガヤ工房
ちがやこうぼう

宮古島に自生する植物、チガヤや月桃、アダンの根などを使って、伝統の民具を作る。

開10:00~18:00 休日曜 料2000円 催行通年 所要2時間 予約電話で要予約(受付は~16:00)

チガヤの籠
⤴島に自生するチガヤなどを使って作る伝統的な籠

ビー玉ストラップ
⤴ヤシの繊維で作った紐を編んでカラフルなビー玉をくるんだストラップ

オリジナルの柄で織る
宮古織物工房
みやこおりものこうぼう

縦糸、横糸に木綿を使い実際に織り機に座って織っていく。子連れでも参加可。

開10:00~18:00 休水曜 料2000円~ 催行通年 所要1時間 予約電話(090-7165-9862)で要予約

宮古織のマット

⤴横糸に好きな色の木綿を使い、柄を相談しながら織っていく

世界も注目する泡盛ブランド
多良川
たらがわ
南部 MAP 付録P.21 F-3

サンゴの島、宮古島の地下を流れるミネラル豊富な伏流水を仕込み水とし、昔ながらの常圧蒸留にこだわる。製造工程や多良川の歴史を知ることができる酒造見学が人気。

☎0980-77-4108 所宮古島市城辺砂川85 開10:00~16:30(要確認) 休日曜 料無料 交宮古空港から車で15分 Pあり

⤴定番人気の「琉球王朝」。古酒ベースの芳醇な味わいで喉ごしスッキリ

⤴壁に描かれた大きな泡盛のイラストが目印

⤴地下洞窟には全国の愛飲家から委託を受けて貯蔵している酒が眠り、特別な日に蔵出しされる

知れば知るほど魅力にハマる
雪塩ミュージアム
ゆきしおミュージアム
北部 MAP 付録P.18 C-1

サンゴのカルシウムが溶け出した地下海水から、成分をほぼそのままに造られるパウダー状の雪塩。製造工程や料理への活用法が学べる無料ガイドがおすすめ。

☎0980-72-5667 所宮古島市平良狩俣191 開9:00~18:00(9~4月は~17:00) 休無休 料無料 交宮古空港から車で40分 Pあり

⤴製造工程などを展示。無料ガイドも

⤴製塩所限定パッケージのクッキングボトル(50g)440円

⤴口どけふんわり雪塩ふわわ300円はココナッツ味などがある

穏やかな浅瀬はシュノーケリングに最適。2013年には国の天然記念物にも指定された

国内最大級の美しいサンゴ礁群に感動!
透明度抜群の海へ
八重干瀬シュノーケリング ➡ P.25

**透明度の高い海に潜れば、
色とりどりのサンゴ礁と
熱帯魚たちが歓迎してくれる。**

宮古島の北方、池間島のさらに北に、南北約17km、東西約6.5kmにわたって広がる広大なサンゴ礁群「八重干瀬」。100以上のサンゴ礁からなり、日本最大級の規模だ。大潮の干潮時にはサンゴ礁が海面上に出てくるので幻の大陸との異名もある。

シュノーケリングの装備をつけて水面をのぞけば、カラフルな熱帯魚や大海原をゆったりと泳ぐウミガメの姿などを見ることができる。サンゴ礁や海洋生物は手が届きそうなほど近くにいるが、自然保護の意識は忘れずに楽しみたい。

北部 MAP 付録P.18 B-1

⬆キュートな魚たちが目の前を泳いでいく

⬆呼吸をしに浅瀬にやってくるというウミガメ

八重干瀬シュノーケリング

少人数での催行が人気のツアー。マスクのつけ方からていねいに教えてくれる。透明度の高い海でたっぷりとシュノーケリングが楽しめる。

料9500円 催行3月中旬～11月中旬(天候により中止の場合は携帯電話まで連絡。日程変更受付可能) 所要3時間 予約前日までに電話/Web(www.yabiji.jp)で要予約(定員になり次第締切) 参加条件12～60歳
●ツアーに含まれるもの 器材、飲み物、保険

八重干瀬マリンハート宮古島
やびじマリンハートみやこじま

中心部 MAP 付録P.18 C-1

☎0980-72-0405
所宮古島市平良荷川取94 営7:00～22:00
(電話受付) 休11月中旬～3月中旬 交宮古
空港から車で35分 P5台

↑どこまでも透き通った海が広がる

ツアー参加の Q&A

Q 参加するときの服装と持ち物は？

A 水着は着用で。シュノーケル、ウェットスーツ、マスク、フィンなど軽器材一式は貸し出し。夏は日焼けなどから肌を守るため長袖のラッシュガード着用がおすすめ。レンタルしてくれるショップもある。

Q 悪天候の場合は？

A 雨天、強風時は、ポイント変更や中止の場合も。当日朝までに連絡がくる。

Q 池間島まで車で行く場合は？

A 池間島には無料の駐車場が整備されている。宮古空港から池間島までは県道78号、83号、230号利用でおよそ30分。

Q ダイビングも可能？

A ほとんどのショップで体験ダイビングが可能。気軽に問い合わせてみよう。

Q ダイビング直後に飛行機に乗っても大丈夫？

A ダイビングと同じ日目のフライトはNG。急激な気圧の変化が体に負担を与え、減圧症になることも。スケジュール管理をしっかりしよう。

⋆ SCHEDULE ⋆

所要5時間30分

9:00 池間島に集合（無料駐車場あり）、出港。

10:00 シュノーケルやフィンなどの使い方を説明。ポイントに着いたらシュノーケリングスタート。

↑ていねいにレクチャーしてくれるので初心者でも安心

12:00 いったん船に戻ってランチ。その後、スタッフおすすめの観光スポットを紹介。

13:00 再度船に戻り、午前中とは別のポイントへ。

↓船から離れすぎないように気をつけて

14:00 船に用意されたお湯で塩を落とせる。帰港後、着替えスペースで着替えたら解散。

↑小さな熱帯魚も、群れになると圧巻だ

↑7歳以上から参加できるので家族連れもOK

八重干瀬ボートシュノーケル

水深3m前後のところに停泊したボートからシュノーケリングスタート。3カ所のポイントをまわってくれるので、いろいろな景色を楽しめる。

料 9500円、デジタル水中カメラレンタル2000円※美ら海協力金500円別途　**催行** 通年（海況により中止、ポイント変更の場合連絡あり）　**所要** 3時間　**予約** Web(www.yabizi.com)で要予約（定員になり次第締切）　**参加条件** 10歳以上　●ツアーに含まれるもの　器材、飲み物、保険

Marine Shop ヤビジ
マリンショップヤビジ

北部 **MAP** 付録P.18 B-1

☎ 080-3374-4720
所 宮古島市平良池間278-6　**営** 7:00〜20:00　**休** 無休　**交** 宮古空港から車で30分　**P** なし（池間島の無料駐車場利用）

↑水族館のような光景が目の前に広がる

↑↑カクレクマノミ（左）などの姿も見られるかも。ショップにはシャワー室、パウダールームがある（右）
↓トイレやシャワーも付いているラポール号

八重干瀬シュノーケリング

八重干瀬を知り尽くしたスタッフが海況に合わせて、的確なポイントへ連れていってくれる。定員24名という大型クルーザーは設備も充実。

料 1万4000円※美ら海協力金500円別途　**催行** 3月中旬〜1月上旬（海況により中止の場合あり）　**所要** 5〜6時間（9:00ショップ集合、15:00頃解散）　**予約** 前日までに電話で要予約、Web（https://cartemarine.net/）、Webで予約の場合は3日前まで（いずれも定員になり次第締切）　**参加条件** 8歳以上　●ツアーに含まれるもの　器材、ライフジャケット（水着、タオル、着替え、昼食、飲み物は要持参）

八重干瀬専門カルトマリーヌ
やびじせんもんカルトマリーヌ

北部 **MAP** 付録P.18 B-1

☎ 090-4708-9575
所 宮古島市平良池間118-1　**営** 7:00〜21:00（電話受付時間）　**休** 不定休　**交** 宮古空港から車で30分　**P** 7台

カヤックを操り、
秘密の洞窟へ向けて出発

神秘の鍾乳洞を探検

保良泉シーカヤック＆鍾乳洞
ぼ ら が ー

引き潮の限られた時間帯にしか行くことができない
神秘の鍾乳洞、「保良泉（ぼらがー）鍾乳洞」。
カヤックで無人ビーチや鍾乳洞を巡り、
ダイナミックな宮古島の自然を体中で堪能したい。

　地元の人々が海神様を祀る場所、保良泉鍾乳洞。許可を得て
いるツアーガイドの同行なしでは入ることができない特別な場
所だ。入口にあるカボチャ形の鍾乳石（パンプキンホール）を越え
て行くと、聞こえてくるのは湧き水の流れる音だけ、という静か
な空間。周りには氷柱状やカーテン状になった鍾乳石が広がって
いる。神聖な気持ちをもって幻の鍾乳洞を探検しよう。

⬆洞窟の入口から少し泳ぐと目の前に鍾乳石が現れる

SCHEDULE 〔所要5時間30分〕

※潮位の関係で開催日、時間が変動する。 事前にHPなどで要確認。

8:30 保良泉ビーチ集合（潮位の関係で開催日、時間が変動するため事前に確認）。着替え、準備後、カヤックの乗り方、漕ぎ方の説明。

⬆きれいに整備されている保良泉ビーチ

9:00 カヤックに乗り、無人ビーチに向けて出発。

9:30 無人ビーチ到着後、シュノーケリング＆ランチタイム。

12:00 無人ビーチを出発し、鍾乳洞探検へ（潮の関係で無人ビーチの前に鍾乳洞を訪れる場合もある）。

14:00 保良泉ビーチ帰着。

⬆シュノーケリングも楽しめる保良泉ビーチ。サンゴや熱帯魚が目の前に

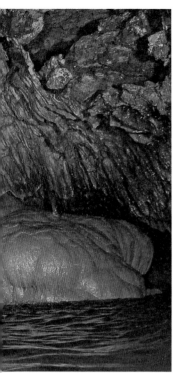

↑入口では通称"パンプキンホール"と呼ばれるカボチャ形の鍾乳石が出迎える

アドベンチャーカヤック

安定感抜群のシーカヤックで無人のビーチを目指し、シュノーケリングを満喫。ランチのあとは保良泉鍾乳洞の探検へ向かうという盛りだくさんのツアー。鍾乳洞の神秘の世界は忘れられない思い出になるはず。開催日限定のツアーなので日程の確認は必須。

(料)1万3750円、子供1万3200円 現地集合／解散の場合は1人550円OFF **(催行)**通年(開催日、開催時間限定。随時HP参照) **(所要)**5時間30分(冬季は3時間) **(予約)**前日までに電話／Web(www.uminooto.com)で要予約(定員になり次第締切) **(参加条件)**小学生以上 ●ツアーに含まれるもの 器材一式、昼食(冬季は昼食なしの場合もあり)、保険 ※夏季ラッシュガード／冬季はウェットスーツ無料レンタルあり、有料のコインロッカーあり

有限会社 アイランド ワークス
ゆうげんがいしゃアイランドワークス
南部 **MAP** 付録P.19 F-4
☎0980-77-7577
(所)宮古島市城辺保良1139-1
(営)9:00～17:00(夏季は～18:00) **(休)**無休
(交)宮古空港から車で25分 **(P)**30台

↑東平安名崎が近く、ドライブ途中に立ち寄れるのも魅力

↑水を浴びながらのカヤックも気持ちがいい。 **(2)** 大自然の恵みを体いっぱいに受け止めよう

ツアー参加の Q&A

Q 参加するときの服装と持ち物は？

A 水着は着用で。バスタオルの貸し出しがないショップもあるので用意したほうがよい。また、沖縄の紫外線は本土に比べて約5倍。日焼け対策用に、夏場は長袖のラッシュガードの着用がおすすめだ。

Q 悪天候の場合は？

A 当日の海況や天候でツアーの変更、中止があれば、決定の時点で電話がもらえる。

Q 保良泉ビーチってどんなところ？

A マリンアクティビティも充実しており、気軽に遊べるのがうれしい。近くには、天然の湧き水プールも。

Q ダイビングも可能？

A 体験ダイビングのツアーは行っていない。

Q 保良泉ビーチまでのアクセスは？

A 保良泉ビーチは宮古島の南東に位置し、宮古空港からは県道78号と国道390号を利用して25分ほど。

神秘の鍾乳洞を探検

お任せ料理
5000〜6000円
8〜10品からなる料理に泡盛、ビールなどの飲み物も付くセット

旬の素材を盛り込んだ
家庭的な郷土料理を味わう

お食事処 蔵
おしょくじどころくら

中心部 **MAP** 付録P.20 B-2

1989年創業の老舗。煮物、チャンプルー、汁もの、さまざまな料理に宮古味噌の風味を生かしているのが特徴で、昔ながらの島の味が楽しめる。牛汁やソーキ汁のほか、その日仕入れた新鮮な食材で多彩な郷土料理を提供。

☎0980-73-4071
所宮古島市平良久貝880-11
営18:00〜23:00 休不定休
交宮古空港から車で12分 Pあり
⊕座席の間隔も広く、ゆっくりくつろぐことができる。泡盛も多種取り揃えている

宮古の海と土の恵みをいただく

島の食事は
しみじみと美味

変わらない味を守る素朴な食堂や、新鮮な地魚が食べられるお店へ。夜は泡盛を片手に島人とのふれあいも楽しめる。

予算
D 750円〜

ヤギ汁 1650円
しょうがとよもぎで十分に臭みをとっており、注文後に作り始めるため味噌の風味が豊か

予算
L 580円〜

磯丼（マンゴージュース付き）1900円
自慢のタコに海ブドウが贅沢にのる。手作りジーマミー豆腐やもずくも付いた満足のいくセット

池間大橋に向かう際は、ぜひ途中で立ち寄ってみてください！

甘くてやわらかい！
タコ料理の数々に舌鼓

すむばり食堂
すむばりしょくどう

北部 **MAP** 付録P.18 C-1

1990年創業のタコ料理の名店。近くの漁港で水揚げされる新鮮な島ダコは、店主の狩俣さんによって驚くほどやわらかく仕込まれ、バリエーション豊かに調理される。チャンプルーなどの郷土料理も充実。

☎0980-72-5813
所宮古島市平良狩俣768-4
営11:00〜17:00 休トライアスロン開催時
交宮古空港から車で30分 Pあり
⊕昼どきは地元の人や観光客で混雑。店を出れば、すぐそこに青い水平線が広がる

接待から家族連れまで
確かな料理で笑顔の花を咲かす

琉球王国さんご家
りゅうきゅうおうこくさんごや

中心部 **MAP** 付録P.22 C-2

郷土料理と地元の魚、宮古牛が楽しめる居酒屋。刺身は地元で獲れたもののみ、宮古牛は5等級のみを使用する。ほかにも、アグー豚、マグロなどを使ったメニューが充実している。

☎0980-75-3235
🏠宮古島市平良西里231
🕐17:00～23:00（LO食事22:00 ドリンク22:30）🈺不定休
🚗宮古空港から車で15分 🅿なし

刺身盛り合わせ
小1980円、大2530円
近海の魚が贅沢に盛られた刺身盛り合わせは、人数に合わせて大小2つのサイズを用意

予算
D 3500円～

宮古牛サーロイン
ステーキ 4015円
5等級の宮古牛を厳選して使用。やわらかく、しっかりした旨みは一度食べたらやみつきになる

⬆西里大通りに面した人気店。島食材を使った季節のデザートも評判

刺身盛り合わせ2100円～
すべて近海の天然もの。沖縄の3大高級魚であるアカマチやアカジン、マクブが提供されることも（仕入れの状況により異なる）

予算
D 3500円～

飲んで、食べて、踊って、
島人の食と文化を体感

泡盛と沖縄料理 郷家
あわもりとおきなわりょうり ごーや

中心部 **MAP** 付録P.23 E-4

毎晩行われる三線ライブが人気の居酒屋。宮古島や沖縄本島の民謡に乗って演者とお客が一体となり、立ち上がって踊りだす人も。伝統の家庭料理はもちろん、島の旬の食材を使った創作料理も個性的で定評がある。

☎0980-74-2358
🏠宮古島市平良西里570-2
🕐17:30～22:00(LO21:00)
🈺不定休 🚗宮古空港から車で15分
🅿あり

ラフテーゴーヤ
チャンプルー 935円
ポークの代わりに、数日かけて煮込んだラフテーを使う贅沢なチャンプルー

⬆ライブは毎晩19:00から。
チャージは500円

⬆週末は、ライブ目当ての客ですぐに満席に

島の食事はしみじみと美味

143

↑ホッとくつろげる空間はまさにオーソドックスな大衆食堂

名店を案内します

島人の味 宮古そば

しまんちゅ

細麺とあっさりとしたスープが
特徴の宮古そば。
最後にカレー粉を足すのがツウ!

スタンダードはコレ!

ソーキそば 850円
カツオと豚の割合が絶妙なだしは、
サッパリなのに奥深く、ソーキの甘
い旨みを抜群に引き立てる

そば 650円
麺の中に、やわらかなロース肉とカマ
ボコが隠れた宮古そばの原型スタイル。
カツオと豚のやさしいだしが特徴

大和食堂
だいわしょくどう
中心部 **MAP** 付録P.20 C-1

ほっこりやさしい懐かしい味

家族で営む、ローカル感あふれ
る食堂。1969年の創業以来変わ
らぬ味を守り続けるそばメ
ニューが人気で、お昼は地元の
人や観光客で賑わう。

☎0980-72-0718
所宮古島市平良西里819-3
営9:40～15:30(～11:00はそばのみ提
供) 17:15～18:30 休火曜 交宮古空
港から車で8分 Pあり

50年近く続く
伝統の味と、
今では珍しい
昔ながらの盛
り付けを楽し
んでください

宮古そば 580円

カツオの風味豊かな
さっぱりとしたスープ
に、細めのストレート
麺が特徴。製麺所で作
られる麺は一般家庭で
も重宝される

古謝そば屋
こじゃそばや
中心部 **MAP** 付録P.20 B-2

飾らない伝統の味

1932年に創業という歴史ある製麺所の
直営店。島でも随一の歴史を誇る食堂
で、宮古そばといえば古謝そば、とい
うほど地元の人にとっても定番の味。

☎ 0980-72-8304
🏠宮古島市平良下里1517-1　🕚11:00～16:00
(LO)　🈺水曜　🚙宮古空港から車で10分　🅿
あり

◎高い天井が開放的なカフェのような店内

島人の味 宮古そば

丸吉食堂
まるよししょくどう
南部 **MAP** 付録P.21 F-3

個性が光るスタミナ系

1961年の創業以来、先代のお
ばぁの味を今も守り続ける名
店。名物ソーキそばは、大ぶ
りの肉と野菜炒めがのってボ
リューム満点。

☎0980-77-4211
🏠宮古島市城辺砂川975
🕙10:30～15:00　🈺火・金曜
🚙宮古空港から車で18分　🅿あり

ソーキそば 900円
にんにくが効いた豚骨ベースの
スープはほどよいこってり感が
あり、3日かけて煮込んだ甘い
ソーキと相性抜群

◎市街地から離れているにもかかわらず連日盛況

食後には、沖縄の
定番おやつである
黒糖アイスキャン
ディーを楽しんで
ください

145

宮古島モードで明るい午後に親しむ

南の島のカフェ&スイーツ

ドライブ途中にふらりと立ち寄りたい、ロケーション抜群のカフェ。トロピカルなスイーツやカフェごはんが、バカンス気分をいっそう盛り上げてくれる。

オリジナルスムージーが
ひんやりと喉を潤す

AOSORA PARLOR
アオゾラ パーラー

来間島 MAP 付録P.18 C-4

常時20種類以上のオリジナルスムージーを用意。沖縄の素材を食べごろの状態で保存、いつもフレッシュな作りたてのスムージーが味わえる。

☎0980-76-3900
所宮古島市下地来間104-1
営10:00~17:00
休不定休
交宮古空港から車で15分
P20台

1.明るい色を多様し、トロピカルなムードが漂う店内 2.ドライブ途中に立ち寄りたい 3.注文してから作るので新鮮 4.一番人気は宮古島産マンゴースムージー850円。契約農家から仕入れたマンゴーを常時ストック

砂山ビーチの帰りは
がっつりカフェめしを堪能
スナヤマカフェ

北部 **MAP** 付録P.18 C-2

宮古そばを使用したナポリタンなどフードメニューが充実。島のフルーツを使ったデザートや手作り黒糖シロップのカフェラテもおすすめ。

☎0980-79-0550

🏠宮古島市平良荷川取655-2 🕐11:30～18:00(LO17:30) 🈺不定休 🚗宮古空港から車で20分 🅿あり

1. 名物の宮古牛を100%使用するタコライス温玉のせ1200円はボリューム満点
2. 北欧風インテリアやキュートな雑貨が癒やし系

島の豊かさを表現した
贅沢すぎるジェラート
RICCO gelato
リッコ ジェラート

中心部 **MAP** 付録P.22 C-3

お店で手作りするジェラートには、マンゴーやパッションフルーツなど地元の旬な素材を使用。手作りコーンやドリンクメニューも見逃せない。

🏠なし

🏠宮古島市平良下里550 🕐11:00～18:00 ※変動あり 🈺火・水曜 ※最新情報はインスタグラムを要確認 🚗宮古空港から車で15分 🅿なし

1. 緑に囲まれた南国ムードあふれるお店　2. 各種メニューはテイクアウトで楽しめる　3. パッションフルーツソーダ680円　4. ジェラートシングル580円～（写真はパッションヨーグルト・ハイビスカスローゼルのダブル）

有機食材にこだわった
食事やデザートが評判
楽園の果実
らくえんのかじつ

来間島 **MAP** 付録P.18 C-4

自家農園で有機栽培した果物を贅沢に使ったスイーツは、訪ねる人の熱い支持を得る。夏は、国内でも珍しい有機マンゴーを堪能したい。

☎0980-76-2991

🏠宮古島市来間476-1 🕐11:00～18:00(LO17:30) 🈺不定休 🚗宮古空港から車で15分 🅿あり

1. カフェがアツい来間島でもパイオニア的存在　2. 店内にはおみやげショップも併設されている　3. 最高級の宮古和牛が楽しめるステーキセット4500円　4. 冬季に採れるフルーツ、宮古島産のメロンパフェ1880円

A バナナケーキ
740円
バナナの甘さと
香りを生かした
添加物を使用し
ないスイーツ

A 美ら恋ガレット
734円
沖縄県産の紅芋をバターたっぷり
の生地で包んで焼き上げた一品

B マンゴー雪しずく
1300円
マンゴー香るフワ
フワの生地には白
いクッキー風生地
が使用されている

ナチュラル 島フード
FOODS

宮古島特産の食材を使った体
にやさしい島フード。大切なあ
の人に島の味をおすそわけ。

ハンドメイドな宮古をお持ち帰り

島の心にふれる ショッピング

宮古島の自然素材を使ったフードやスイー
ツ、手作り雑貨など、宮古らしいおみやげ
をセレクト。自宅でも、島の風を感じたい。

B こくとうみつ
864円
農薬・肥料不使
用のサトウキ
ビで作った自
然な甘さの蜜

C うずまきそば **700円**
かわいくて栄養満点。パスタ
やつけ麺とアレンジいろいろ

C 月桃茶
600円
沖縄では古くから
薬草として使われ
てきた月桃のお茶

C ローゼルソルト **800円**
ミネラル豊富で、ご飯にか
けるなど料理のアレンジに

宮古島●買う

A 宮古島を代表する
老舗菓子店

モンテドール

中心部 **MAP** 付録P.22 C-1

40年余のロングセラーを誇るバナナケ
ーキはあまりに有名。手作りのよさを
追求したスイーツの数々が並び、カフ
ェコーナーではケーキもいただける。

☎ 0980-72-3765
🏠 宮古島市平良西
里7-2 ⏰ 9:00〜
20:00※季節により
変動あり 🈑 無休
🚗 宮古空港から車
で15分 🅿 あり

B 買い物を楽しみながら
島の文化にふれる

島の駅みやこ
しまのえきみやこ

中心部 **MAP** 付録P.20 B-2

宮古島をこよなく愛する生産者たちの、
採れたての野菜や果物、加工食品がズ
ラリと並ぶ。宮古そばなどの軽食も楽
しめる。

☎ 0980-79-5151
🏠 宮古島市平良久
貝870-1
⏰ 9:00〜18:00(夏
期は〜19:00) 🈑
無休
🚗 宮古空港から車
で10分 🅿 あり

C 小さな工場でていねいに作る
体にやさしい食品を販売

めんと雑貨とかき氷
ぐるぐるめんや
めんとざっかとかきごおりぐるぐるめんや

南部 **MAP** 付録P.19 D-4

ドラゴンフルーツやゴーヤなど島の素
材を練り込んだカラフル麺は、ツルモ
チッとした新食感。島の作家の手作り
雑貨も扱い、時を忘れ見入ってしまう。

☎ 090-5943-4902
🏠 宮古島市城辺友
利306-5
⏰ 11:00〜17:00
🈑 不定休 🚗 宮古
空港から車で15分
🅿 あり

D 長財布 2万9400円
サイズもデザインもさまざま。二つ折り財布も

D 魚バッグ（M）
2万5900円
賑やかな魚の群れがキュートな一品

⬆若い作家夫婦が営むぬくもりあふれる工房（soramoyo）

F キーホルダー 各3300円〜
島ならではのモチーフがかわいいレザーのキーホルダー

D うろこバッグ 2万900円
個性的なのに不思議と日常にマッチする

E 夜光貝のブレスレット
3900円
男女を問わないユニセックスなデザインが魅力

F マスク 各1100円
カラフルなマスクをつければ気分が上がりそう

F 島手ぬぐい
各1210円
宮古まもる君柄やゴーヤ柄などユニークなモチーフが揃う人気商品

E 藻玉のキーホルダー
3900円〜
「ラッキーシード」とも呼ばれ、お守りに持つ人も

⬆幅広いラインナップに目移りしてしまう（utatane）

島の心にふれるショッピング

D 革の色や刺繍もオーダー
自分だけの一品を

soramoyo
ソラモヨウ
中心部 **MAP** 付録P.22 C-3

魚やハイビスカスをあしらった爽やかカラーの革製品は、どれも独創的。スコールの多い島の気候を考え、水を弾く革を使用しているのでシミになりにくい。

☎0980-73-0120
🏠宮古島市平良下里572-31階西
🕐11:00〜18:00
休不定休
🚗宮古空港から車で15分 Pなし

E 素朴な海や森の素材が
洗練されたアクセに

utatane
ウタタネ
来間島 **MAP** 付録P.18 C-4

熱帯地域に自生する夜行貝、タカセ貝、黒サンゴや流木を使った商品などを販売。作家夫婦が心を込めて作る自然素材のアクセは個性的。

☎0980-76-3725
🏠宮古島市下地来間105-9
🕐10:00〜17:00
休不定休 🚗宮古空港から車で18分
Pあり

F デザイナーが手がける
キュートな島土産

DESIGN MATCH
デザイン マッチ
中心部 **MAP** 付録P.22 C-3

オーナー兼デザイナーが手がける品を中心に、おしゃれなグッズが揃う。宮古島がテーマの島手ぬぐいやTシャツ、ポストカードなどが人気。

☎0980-79-0239
🏠宮古島市平良下里572-31階東 🕐10:00〜19:00 休不定休
🚗宮古空港から車で15分 Pなし

八重山の伝統と文化が息づく

多良間島

たらまじま

王朝時代の伝統芸能を継承する民俗芸能の島。濃い緑、紺碧の海など手つかずの自然にも癒やされる。

石垣島と宮古島の間に浮かぶのどかな島。国の重要無形民俗文化財に指定される「豊年祭」など、琉球王朝時代の文化が色濃く残る。塩川御嶽へと続くフクギ並木、サトウキビ畑や牧場など、沖縄離島の原風景にも浸れる。サンゴ礁に囲まれた海では、ぜひ、マリンスポーツを楽しみたい。

↑サンゴが隆起してできた平坦な島で、白砂のビーチが点在する

八重山遠見台

やえやまとおみだい

MAP 付録P.17 E-1

王朝時代の遠見台跡から島の360度パノラマが広がる

島でいちばん高い標高34mの地点にある展望台。17世紀には船の出入りを見張る遠見番が置かれ、その建物跡に石積みが残る。展望台の最上階からは集落や緑地、砂浜を囲むリーフや紺碧の海など島全域が一望できる。

☎0980-79-2260(多良間村役場)
🚩多良間村仲筋
🚌多良間空港から車で10分 🅿10台

ふるさと海浜公園 ★
八重山遠見台 ★
多良間神社
ふるさと民俗学習館
前泊港
先島諸島火番盛(宮古遠見)
豊年祭(八月踊り) ★
塩川御嶽 Ħ
フクギ並木 ★
放牧場
放牧場
多良間空港 ★
製糖工場
放牧場 放牧場
放牧場
普天間港
大崎
0　　　1km
N

↑かつての八重山遠見台は石積みであり、宮古島方面の見張り台だった

↓晴れた日には遠くに石垣島も見える

多良間島profile

人口:1057人　面積:19.81㎢
起伏が少ない平坦な島なので、車、自転車ともに快適。集落めぐりはレンタサイクルが楽しい。

問い合わせ先

観光案内
多良間村役場観光振興課　☎0980-79-2260

レンタカー・レンタサイクル
COCOハウス　☎0980-79-2133

宮古諸島
池間島　大神島
伊良部島
水納島　下地島　宮古島
来間島
多良間島

多良間島

⬆フクギをはじめ、イヌマキ、琉球コクタンなど南の島の木々が囲む参道。木洩れ日を浴びながら散策したい

ふるさと海浜公園

ふるさとかいひんこうえん
MAP 付録P.17 E-1

白い砂浜と透明度の高い海でのんびりと多良間タイムを遊ぶ

島の北側に広がる白砂のビーチと公園。遠浅の穏やかな海なので、海水浴やシュノーケリングにぴったりだ。天気がいい日は海の向こうに水納島も望める。道路を挟んだ公園には、あずま屋、シャワーやトイレの設備がある。
☎0980-79-2260(多良間村役場)　⬆多良間村仲筋　🚗多良間空港から車で10分　🅿あり(10台)

⬆広いあずま屋は休憩にいい

フクギ並木

フクギなみき
MAP 付録P.17 F-1

島の聖域、塩川御嶽へと続く鬱蒼とした緑のトンネル

霊石が祀られる塩川御嶽は、昔から島民の信仰の場だった場所。その参道は「フクギ並木」と呼ばれ、沖縄で防風林として使われるフクギの大木が約650mにもわたって並ぶ。
☎0980-79-2260(多良間村役場)　⬆多良間村塩川　🚗多良間空港から車で15分　🅿なし

TOPICS

豊年祭(八月踊り)

ほうねんさい(はちがつおどり)
MAP 付録P.17 E-1

島が最も賑わうのは、毎年旧暦8月に開催される豊年祭の3日間。17世紀に豊年祈願のために始まった奉納踊りが披露される。獅子舞、棒踊り、組踊りなど、一大絵巻が繰り広げられる。

☎0980-79-2260(多良間村役場)　⬆多良間村仲筋(豊年祭仲筋会場)　🚗多良間空港から車で10分　🅿20台

⬆のどかな島のなかでも、このビーチは特に時の流れがゆったり。海と水平線をのんびり眺めるだけでも、リフレッシュできる

那覇のメインストリート

国際通りで
おみやげ選び

買い忘れたおみやげがあっても大丈夫。乗り継ぎ時間を利用して、街歩きを楽しみながらショッピング。

国際通り こくさいどおり　MAP 付録P.26 B-3〜P.27 F-2

第二次世界大戦で焼け野原となったが、戦後めざましい発展を遂げ、復興の象徴として「奇跡の1マイル」とも呼ばれる約1.6kmの通り。現在は沖縄みやげを販売する商店が軒を連ね、観光客で賑わっている。

P.154 ゆうなんぎい

雪塩さんど 国際通り店 A

ゆきしおさんどこくさいどおりてん

MAP 付録P.26 B-3

宮古島の自然の恵みが詰まった「雪塩」を使ったお菓子が揃うショップ。雪塩さんどや雪塩ふわわ、雪塩ふぃなんなどを取り揃えている。

☎098-860-8585　所那覇市久茂地3-1-1 日本生命ビル1F
営11:00〜20:00　休無休　ゆいレール・県庁前駅から徒歩3分
Pなし

⤴雪塩ソフトクリーム350円

⤴「雪塩ふわわ」ココナッツ300円

ふくぎや 国際通り店 C

ふくぎやこくさいどおりてん

MAP 付録P.26 C-3

沖縄産の黒糖や塩、ハチミツ、卵をふんだんに使用したバウムクーヘンを味わうことができる。店頭で焼いている様子が見られるのも楽しい。

☎098-863-8006　所那覇市久茂地3-29-67　営10:00〜20:00
休無休　ゆいレール・県庁前駅から徒歩8分　P有料駐車場利用

⤴外側のサクッとした歯ごたえが特徴のハードタイプ。ガジュマル(S)1540円

⤴紅芋の上品な香りがするしっとりタイプ。紅の木(S)1650円

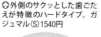

⤴ハチミツをたっぷり使ったプレーン。ソフトタイプ。フクギ(S)1430円

カルビープラス沖縄国際通り店 D

カルビープラス おきなわこくさいどおりてん

MAP 付録P.27 D-2

「じゃがりこ」などでおなじみの「カルビー」のアンテナショップ。限定商品や揚げたてのホットスナックなど、ここでしか味わえないものも多い。

☎098-867-6254　所那覇市牧志3-2-2　営10:00〜21:00
(LO20:30)　休無休　ゆいレール・牧志駅から徒歩5分　Pなし

⤴一番の人気商品「海ぽてアーサマース味」998円は、あおさと平釜塩シマース(沖縄の塩)でシンプルに仕上げる

⤴揚げたて"サクッホクッ"スイートポテリこ340円

沖縄美ら海水族館アンテナショップ うみちゅらら 国際通り店 B

おきなわちゅらうみすいぞくかんアンテナショップ
うみちゅらら こくさいどおりてん

MAP 付録P.26 B-3

沖縄美ら海水族館で販売されている人気のおみやげを購入することができる。水族館ほどは混み合ってないので、ゆっくり商品選びができるのもうれしい。

☎098-917-1500 ㊧那覇市久茂地3-2-22 JAドリーム館2F
🕐10:00～20:30 ㊡無休 🚃ゆいレール・県庁前駅から徒歩5分

↑風月堂のゴーフル。バニラ、ストロベリー、チョコの3つの味。3缶入り1600円

↑コップのしずくを即吸収。珪藻土コースター各1320円

PAIKAJI F

パイカジ

MAP 付録P.27 D-2

アロハ好きなら一度は訪れたい知る人ぞ知るアロハシャツブランド。沖縄や世界の自然をモチーフにした柄と、着心地のよさで人気を集めている。

☎098-863-5670 ㊧那覇市牧志2-3-1 🕐11:00～20:00 ㊡木曜
🚃ゆいレール・牧志駅から徒歩5分 🅿なし

→ゴルフウェア（モックネックシャツ2万5300円、ハーフパンツ3万3000円）

←カラフルな南国の鳥が印象的なオープンカラーシャツ、5万2800円

ライブ＆沖縄料理ライブハウス島唄
ブルーシール国際通り店 C R

波照間 R C
琉球珈琲館 ちぬぬん S
新垣ちんすこう本舗 R
JALシティ那覇 H
沖縄グランブルー S S
琉球銀行 S
古酒家 H
シーサー・イン那覇 R
御菓子御殿 H
山の内 R
キッドハウス
むつみ橋かどや R
沖映通り
むつみ橋 R
ファミリーマート
ゆいレール 牧志駅 G
E F
ファミリーマート S

国際通り

S élufe
S ローソン

琉宴 R S
沖縄民謡居酒屋 地酒横丁 R S
ドン・キホーテ
市場中央通り
むつみ橋通り
むつみ橋 R
中和通り
御菓子御殿 S
D
那覇市ぶんかテンブス館
那覇市伝統工芸館
ステーキハウス88 国際通り店 P.154 R
グランドオリオン通り
琉球銀行 S

久髙民藝店 E

くだかみんげいてん

MAP 付録P.27 D-2

創業は1968年。沖縄が本土に復帰する前から国際通りを見続けてきた老舗。店内には沖縄の焼物やガラス製品を中心に、世界中の雑貨が並ぶ。

☎098-861-6690 ㊧那覇市牧志2-3-1 K2ビル1F
🕐10:00～22:00 ㊡無休 🚃ゆいレール・牧志駅から徒歩5分
🅿なし

↑蕉布ポーチ5500円
←松田共司さんのやちむん、皿4400（7寸）～1万6500円（尺皿）

↑みんさー織トートバッグ9680円

沖縄の風 G

おきなわのかぜ

MAP 付録P.27 E-2

オリジナルの看板商品「琉球帆布」をはじめ、沖縄のアーティストたちによる雑貨がずらり。どれも手になじむ商品で、自分用に購入していく人も多い。

☎098-943-0244 ㊧那覇市牧志2-5-2 🕐11:00～19:00 ㊡無休 🚃ゆいレール・牧志駅から徒歩5分 🅿なし

↑イラストレーターpokke104とコラボしたおさんぽバッグ水鳥柄8800円～

↑紅型デザインが華やかなラウンドトートとバッグインバッグ

那覇のメインストリート
国際通りで グルメも堪能

沖縄の味を本格的に楽しめる店が集まる国際通り。
歩き疲れたら休憩がてらカフェに立ち寄るもよし。
飛行機に乗り遅れないように注意して。

乗り継ぎ那覇ガイド●

↑ラフテー、ジーマーミ豆腐などボリューム満点な全10品。
ゆうなんぎいA定食 3320円

国際通り屋台村
こくさいどおりやたいむら
MAP 付録P.27 E-2

多彩なメニューを堪能しながら沖縄を感じる

沖縄食材を使った店が軒を並べる話題のグルメスポット。個性豊かな21店が昼から営業している。全店ノーチャージなので、気軽にハシゴが楽しめるのがうれしい。

☎店舗により異なる　㊟那覇市牧志3-11-16・17　営㊡店舗により異なる　㊢ゆいレール・牧志駅から徒歩4分　㋶なし

↑料理とお酒が楽しめて、人々の交流も盛ん。楽しい沖縄の夜を過ごして

ゆうなんぎい
MAP 付録P.26 B-3

本土復帰前から愛される老舗

オープンから40年以上。趣のある店内には開店当時の写真が飾られ、歴史の長さを感じさせる。料理の味と女将の人柄にファンも多く、夜は行列ができるほどの人気店。いろいろ食べたいという人は定食を注文するのがおすすめ。

☎098-867-3765　㊟那覇市久茂地3-3-3　営12:00〜14:30(LO) 17:00〜21:30(LO)※変動あり　㊡日曜、祝日　㋓ゆいレール・県庁前駅から徒歩5分　㋶なし

↑国際通りから入った道沿いにあり、アクセス環境も抜群

ステーキハウス88 国際通り店
ステーキハウスはちはちこくさいどおりてん
MAP 付録P.27 D-3

肉厚のアメリカンステーキに大満足

沖縄の老舗ステーキハウス。本格アメリカンステーキ20種類をベースに国産和牛や石垣牛など厳選した県産ブランド銘品が食べられる。

☎098-866-3760　㊟那覇市牧志3-1-6 2F　営11:00〜23:00(LO22:00)　㊡無休　㋓ゆいレール・牧志駅から徒歩5分　㋶なし

↑店内はアメリカンな雰囲気

↑大きな牛の派手なネオン看板が目印

↑肉厚でジューシー！人気No.1のテンダーロインステーキ200g 4015円（スープ、サラダ、ライス付）

那覇空港

沖縄の空の玄関口・那覇空港をチェック。
魅力的なおみやげや沖縄グルメも充実している。

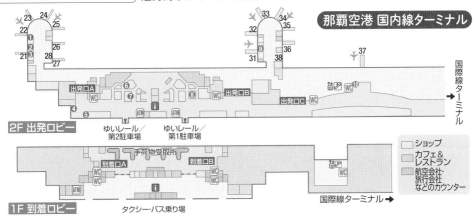

那覇空港 国内線ターミナル

2F 出発ロビー

ゆいレール／第2駐車場　ゆいレール／第1駐車場

1F 到着ロビー　タクシー・バス乗り場

□ ショップ
■ カフェ＆レストラン
■ 航空会社・旅行会社などのカウンター

国際線ターミナル→

エアポートトレーディング

店舗は6店

各店共通　☎098-840-1473
🕐6:30〜20:30

南ウイング売店 MAP 上図❷
北ウイング売店 MAP 上図❾
空人 MAP 上図❿
ハイビ売店 MAP 上図❻
さくら売店 MAP 上図❽
グルクン売店 MAP 上図❼

ちゅら海の防人カレー
海上自衛隊が洋上勤務中に食べるカレーを再現。まろやかで甘めの味。那覇空港限定の販売。570円　販売:全店

やんばる焙煎工房
沖縄県北部にある瀬底島で、自家焙煎を行う工房のコーヒー650円
販売:全店

JAL PLAZA

ジャル プラザ

店舗は4店

各店共通　🕐6:30〜20:30
出発ロビー1号店 MAP 上図❺
☎098-857-6872
出発ロビー2号店 MAP 上図❹
☎098-857-1600
21番ゲートショップ MAP 上図❸
☎098-858-0578
22番ゲートショップ MAP 上図❶
☎098-858-0261

紅いもタルト
沖縄県産紅芋100%使用のペーストをのせたタルト。972円(6個入り)、1620円(10個入り)　販売:出発ロビー2号店

紅いも生タルト
紅芋ペースト、カスタードクリーム、生クリームがのる。1296円(6個入り)
販売:出発ロビー2号店

紅芋レアケーキ シュリ
種類の異なるサツマイモを2層重ねに。1030円(5個入り)
販売:出発ロビー1号店、21番ゲートショップ

ロイズ石垣島の黒糖チョコレート
沖縄県産黒糖をブレンドして使用。810円(32枚入り)
販売:全店

交通

那覇経由で飛行機を乗り継ぐ。便数も多く、到着後がスムーズ

石垣島・宮古島へのアクセス

石垣島・宮古島へは飛行機が基本。直行便は東京、大阪、名古屋から便数は少ないが運航している。那覇空港からは便数が多いので乗り継ぎ便が便利。台風の季節は欠航が発生することがあるのを念頭に置いておこう。

● 各地からの航空便

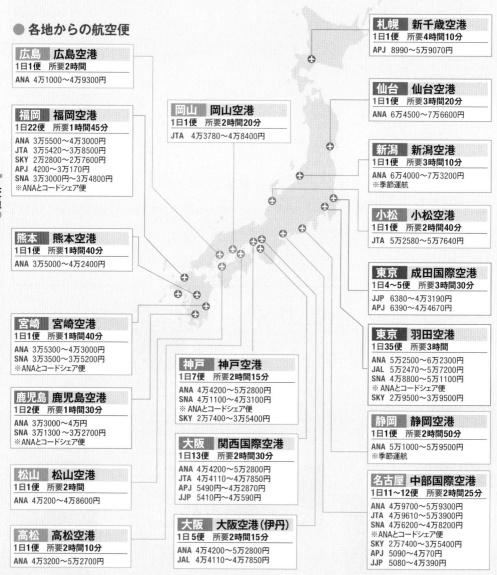

札幌　新千歳空港
1日1便　所要4時間10分
APJ 8990～5万9070円

広島　広島空港
1日1便　所要2時間
ANA 4万1000～4万9300円

岡山　岡山空港
1日1便　所要2時間20分
JTA 4万3780～4万8400円

仙台　仙台空港
1日1便　所要3時間20分
ANA 6万4500～7万6600円

福岡　福岡空港
1日22便　所要1時間45分
ANA 3万5500～4万3000円
JTA 3万5420～3万8500円
SKY 2万2800～2万7600円
APJ 4200～3万170円
SNA 3万3000円～3万4800円
※ANAとコードシェア便

新潟　新潟空港
1日1便　所要3時間10分
ANA 6万4000～7万3200円
※季節運航

小松　小松空港
1日1便　所要2時間40分
JTA 5万2580～5万7640円

熊本　熊本空港
1日1便　所要1時間40分
ANA 3万5000～4万2400円

東京　成田国際空港
1日4～5便　所要3時間30分
JJP 6380～4万3190円
APJ 6390～4万4670円

宮崎　宮崎空港
1日1便　所要1時間40分
ANA 3万5300～4万3000円
SNA 3万3500～3万5200円
※ANAとコードシェア便

東京　羽田空港
1日35便　所要3時間
ANA 5万2500～6万2300円
JAL 5万2470～5万7200円
SNA 4万8800～5万1100円
※ ANAとコードシェア便
SKY 2万9500～3万9500円

神戸　神戸空港
1日7便　所要2時間15分
ANA 4万4200～5万2800円
SNA 4万1100～4万3100円
※ ANAとコードシェア便
SKY 2万7400～3万5400円

鹿児島　鹿児島空港
1日2便　所要1時間30分
ANA 3万3000～4万円
SNA 3万1300～3万2700円
※ANAとコードシェア便

静岡　静岡空港
1日1便　所要2時間50分
ANA 5万1000～5万9500円
※季節運航

松山　松山空港
1日1便　所要2時間
ANA 4万200～4万8600円

大阪　関西国際空港
1日13便　所要2時間30分
ANA 4万4200～5万2800円
JTA 4万4110～4万7850円
APJ 5490円～4万2870円
JJP 5410円～4万590円

名古屋　中部国際空港
1日11～12便　所要2時間25分
ANA 4万9700～5万9300円
JTA 4万9610～5万3900円
SNA 4万6200～4万8200円
※ANAとコードシェア便
SKY 2万7400～3万5400円
APJ 5090～4万70円
JJP 5080～4万390円

高松　高松空港
1日1便　所要2時間10分
ANA 4万3200～5万2700円

大阪　大阪空港（伊丹）
1日5便　所要2時間15分
ANA 4万4200～5万2800円
JAL 4万4110～4万7850円

※情報は2024年1月現在のものです。　※運賃は片道の通常運賃です。

● 那覇空港から石垣島・宮古島へ

那覇空港から石垣島、宮古島へはともに1日16便と多い。美しい島々を上空から眺めながらの移動も観光のひとつ。

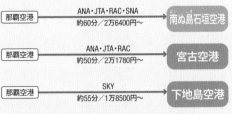

那覇空港	ANA・JTA・RAC・SNA 約60分／2万6400円〜	南ぬ島石垣空港
那覇空港	ANA・JTA・RAC 約50分／2万1780円〜	宮古空港
那覇空港	SKY 約55分／1万8500円〜	下地島空港

● 石垣島・宮古島間の移動は飛行機

石垣島・宮古間は飛行機でしか移動手段がない。1日3便のため事前予約がおすすめ。

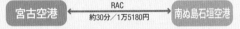

| 宮古空港 | RAC
約30分／1万5180円 | 南ぬ島石垣空港 |

● 直行便で石垣島・宮古島へ

南ぬ島石垣空港への直行便は東京や大阪、名古屋、福岡から運航。宮古空港への直行便は宮古空港〜東京、名古屋、大阪から、下地島空港へ東京と神戸から運航している。

東京 (羽田空港)	ANA・JAL 約3時間30分／7万3400円〜	南ぬ島石垣空港
東京 (成田国際空港)	APJ 約4時間／7990円〜	南ぬ島石垣空港
名古屋 (中部空港)	ANA 約3時間／6万5700円〜	南ぬ島石垣空港
大阪 (関西国際空港)	ANA・JTA・APJ 約2時間55分／6万500円〜 ※APJは7990円〜	南ぬ島石垣空港
福岡 (福岡空港)	APJ 約2時間25分／6990円〜	南ぬ島石垣空港
東京 (羽田空港)	ANA・JAL 約3時間30分／6万8900円〜	宮古空港
名古屋 (中部空港)	ANA 約2時間55分／6万3100円〜	宮古空港
大阪 (関西国際空港)	ANA・JTA 約2時間45分／5万7300円〜	宮古空港
東京 (羽田空港)	SKY 約3時間30分／4万5100円	下地島空港
神戸 (神戸空港)	SKY 約2時間40分／4万2700円	下地島空港

大手航空会社と格安航空会社 どちらを選択？

大手航空会社の半額以下の料金で利用できることもある格安航空会社(ローコスト・キャリア)、通称LCCは料金が安いぶん、デメリットもある。大手航空会社と内容を比較したうえで、好みに合ったほうを利用したい。

格安航空会社(LCC)

○ **なにより運賃が割安**
運賃の安さがなんといっても最大の魅力。搭乗日にもよるが、直前予約でも、安くチケットが手に入る。タイムセールで激安チケットを買えることもある。また、通常は往復で買わないと割高になるが、LCCなら片道でも割安価格で購入が可能。

○ **機材が新しい**
比較的新しい航空会社が多いため、機材も新しいものを使用している場合が多い。

× **サービスが大手ほど充実していない**
LCCでは、手荷物預かりや機内食といったサービスが有料。そのほか、便の欠航や遅延があっても、他社便への振替えや補償がない場合もある。

大手航空会社

○ **手厚いサービス**
機内食・アメニティ、映画などのエンターテインメントを無料で提供。預け入れ荷物への制限も少ない。また、欠航になってしまった場合、振替便手配や宿泊施設の提供など、しっかりケアしてくれる。そのほか、ネット予約が基本のLCCに対し、コールセンターを利用して電話でも予約を受け付けてくれる。

○ **マイルが貯まる**
航空会社が実施しているポイントプログラム、マイレージ。日々の買い物や、航空券購入時にマイルと呼ばれるポイントを貯めて、航空券などと交換できる制度。LCCではほとんどの場合マイルが貯められないので、マイレージを利用しているなら、大手航空会社の利用がおすすめ。

× **LCCに比べると料金が高くつきやすい**
片道の航空券が割高、直前予約だと正規運賃になってしまうなど、料金に融通がきかないところがデメリット。ただ、繁忙期の場合、早めの予約でLCCより安くなることも。

航空会社問い合わせ先

ANA(全日空)
☎0570-029-222

JAL(日本航空)
JTA(日本トランスオーシャン航空)
RAC(琉球エアーコミューター)
☎0570-025-071

SKY(スカイマーク)
☎0570-039-283

SNA(ソラシドエア)
☎0570-037-283

APJ(ピーチ)
☎0570-001-292

JJP(ジェットスター・ジャパン)
☎0570-550-538

INDEX

遠くの、小さな島へ

小浜島

黒島

波照間島

与那国島

宮古島

多良間島

那覇

STAFF

編集制作 Editors
(株)K&Bパブリッシャーズ

取材・執筆・撮影 Writers & Photographers
小早川渉　宮里夢子　笹本真純

執筆協力 Writers
内野究　遠藤優子　重松久美子　西連寺くらら
加藤由佳子　伊勢本ポストゆかり　好地理恵
ジェオ

本文・表紙デザイン Cover & Editorial Design
(株)K&Bパブリッシャーズ

表紙写真 Cover Photo
おきなわフォト／小早川渉

地図制作 Maps
トラベラ・ドットネット(株)
DIG.Factory

写真協力 Photographs
関係各市町村観光課・観光協会
関係諸施設
おきなわフォト
PIXTA

総合プロデューサー Total Producer
河村季里

TAC出版担当 Producer
君塚太

TAC出版海外版権担当 Copyright Export
野崎博和

エグゼクティヴ・プロデューサー
Executive Producer
猪野樹

おとな旅 プレミアム
石垣・竹富・西表・宮古島 第4版

2024年4月6日　初版　第1刷発行

著　　　者　TAC出版編集部
発　行　者　多田敏男
発　行　所　TAC株式会社　出版事業部
　　　　　　　　（TAC出版）

〒101-8383 東京都千代田区神田三崎町3-2-18
電話　03(5276)9492(営業)
FAX　03(5276)9674
https://shuppan.tac-school.co.jp

印　　刷　株式会社　光邦
製　　本　東京美術紙工協業組合

本書に掲載した地図の作成に当たっては、国土地理院発行の数値地図(国土基本情報)電子国土基本図(地図情報)、数値地図 (国土基本情報)電子国土基本図(地名情報)及び数値地図(国土基本情報20万)を調整しました。